# 評伝　顔之推

——「顔氏家訓」を遺した男の生涯——

# まえがき

顔之推《がんしすい》とは中国南北朝時代の南朝の梁代（五〇二～五五七）に生まれた士大夫であり、家訓の祖といわれる「顔氏家訓《がんしかくん》」を書いた人物です。

之推は梁朝の青年官人でしたが、侯景の乱によって捕囚とされ、王朝の皇帝である武帝は餓死、その息子の簡文帝も殺害されました。同時に都の建康は壊滅的に破壊されてしまいます。

その後、解放された之推は江陵で皇帝として即位した元帝の下で仕官しますが、北西にある西魏の襲来によって元帝が殺され之推ら官人は庶民とともに西魏の都の長安へ拉致、連行されてしまいます。

しかし之推は西魏から東方の北斉へと家族を連れて黄河を下る決死の逃亡を果たします。

この北斉で約二十年、後半には重臣となって仕えますが、ここでも北斉末に北周（旧西魏）から攻撃され、敗北し、またもや長安に連行されるという憂き目にあいます。

梁朝の建康、江陵、さらに北斉と三度の敗北、亡国の上、仕えた王朝は梁、北斉、北周、隋の四代にわたるという苦難の道を歩みます。

之推はこのような過酷な人生体験を味わった後、中年以降に子孫に向けて長大な家訓を書き始めます。人間とは何か、人間はいかに生きるべきか、本当に大切なものは何かを主題として、子弟の教育、兄弟、再婚、家の経営、みだしなみ、友人、学問、文章、昇進、兵事、養生、仏教、趣味、死について、などな ど項目別に全二十篇の家訓を書き上げました。

顔之推と「顔氏家訓」について、魏晋南北朝時代を研究の対象としている学者、研究者の方々にとっては周知の事実ですが、私たち一般にはどうでしょうか。あまり知られていないどころかほとんど知られていないように思えます。

筆者はほぼ十年前、初めて「顔氏家訓」を読み、いたく気に入りました。さらに関連する論文を読み進めていくうちに、「顔氏家訓」と多くの関連論文を手引きにして、この人物の評伝のようなものを書いてみたいという妄想が膨れあがってきました。

その無謀ともいえる思いが、今回このような形で発表できることになりました。「顔氏家訓」とさまざまな論文を多く引用させていただきましたが、顔之推の人となりと思想の一端に触れて頂けたらありがたいことだと思っています。

評伝 顔之推◆目 次◆

目　次

目　次

目　次

筆者はこの「顔氏家訓」について原文は周法高の「顔氏家訓彙注」を手元に置いて読んだ。と言えば嘘になる。当然ながら全部漢文なので現代語訳がないと理解できない。そこで平凡社の中国古典文学大系９「世説新語　顔氏家訓」と同社の東洋文庫「顔氏家訓１と２」（宇都宮清吉　訳注）を参考にして本文の中でも特別な注記がなければ、すべて現代語訳はこの本から引用している。（なお前者と後者の「顔氏家訓」は訳者と内容はまったく同一である）

# 序章　本人誕生、幼少期から少年期、青年期まで

肆欲輕言　不脩邊幅
（欲をほしいままにし、言を軽くし、辺幅を脩《おさめ》ず）
「顔氏家訓」序致第一

後の世に家訓の祖といわれる「顔氏家訓」を書いた男、顔之推《がんしすい》が生まれたのは、中国南北朝時代の梁という王朝時代、西暦五三一年のことである。場所は荊州の江陵（現在の湖北省沙市市）だといわれている。この時代、梁朝（五〇二～五五七）の都は揚子江下流の建康（江蘇省南京）にあり、江陵はその揚子江のずっと上流にあって中国中央部に位置している。

顔之推の父親は顔協《がんきょう》（四九八～五三九）であり、之推九歳の時、四十二歳で没した。顔協は梁朝の前の南斉（四七九～五〇二）という王朝時代に父の顔見遠（?～五〇二）のもとに生まれている。顔之推について語るには祖父の顔見遠《がんけんえん》から話を始めていくべきだろう。中国歴代の正史の「梁書」に顔見

遠は「博学にして志行あり」と書かれた人物で、南斉の明帝（四九四～四九八　在位）から個人的な親愛を受け、次に即位した明帝の子の東昏侯（四九八～五〇一　在位）の弟の和帝（五〇一～五〇二　在位）が江陵に即位すると、彼に仕えて治書侍御史となり、同時に中丞を兼ねていた。

だが五〇二年にその和帝から大司馬蕭衍《しょうえん》（後の梁の武帝）が皇位を譲られて、新たに梁朝を起こした。このことに憤激した顔見遠は絶食して死んだという。筋の通らないと思えることに強い抗議の意思を示した硬骨漢であった。

この時、梁の武帝（五〇二～五四九　在位）は怒って言ったと「梁書」顔協伝にある。

「我自応天従人　何預天下士大夫事　而顔見遠　乃至於此也」と。

「我れは自のずから天に應じ人に従う。何ぞ天下士大夫の事に預からんや。而して顔見遠乃わち此ここに至れり」

（吉川忠夫「顔之推小論」東洋史研究）

つまり「私は天の意をもって、この位置についた。何故に（顔見遠は）このような行動をとるのか」と不快の念を表している。吉川論文によると南北朝時代は王朝の交代に際して殉死をする例はほとんどなく、武帝にとって見遠の行動は奇矯に思えたようだ。武帝の怒りを買ったのが原因でその後、顔見遠の息子の協、さらに協の息子の之推の二代にわたって梁朝での出世の機会は失われていくことになるのである。

顔見遠の息子の協は父親が憤死したのが五歳の時だったので、幼くして孤児になった。協は長じてからも因縁のある武帝には仕えず、武帝の皇子の湘東王の蕭繹《しょうえき》（五〇八～五五四）の鎮西府に仕え湘東王国侍参軍、諮議参軍となる。蕭繹は後に梁の元帝となる。協は五二六年に蕭繹が荊州に領した時、二十九歳で正記室に転じた。湘東王蕭繹は文学の愛好者で、彼の周辺には多くの文士が集まった。協は草隷の書（草書、隷書）に巧みであって、能書をもってその主な仕事にしていたらしい。

そもそも協が湘東王の幕下に入った時から、この顔協と後に中書舎人となり、実力者になった顧協《こきょう》の二人が二協と並び称され、高く評価されていた。協には三人の男児ができた。長男は之儀《しぎ》、次男は之善《しぜん》、三男が之推だ。協と三男の之推は、ともに湘東王蕭繹からその学才を認められていたのだ。

長男の之儀は之推の九歳年長で、五九一年に六十九歳で没したことが分かっている。後に之儀と之推の不仲あるいは疎遠が推測されるが、之推が幼いころ二人の兄によってどのような境遇にあったのかを示す記述が「顔氏家訓」の冒頭の「序致第一」に出てくる。

まずは原文を掲げてみる。

（一行目略）
昔在齠齔、便蒙誨誘。
毎從兩兄、曉夕温凊、

規行矩歩、安辭定色、
鏘鏘翼翼、若朝嚴君焉。

この現代語訳は

思い出せば私がすでに七、八歳になったころには、早くも躾《しつけ》の訓育を受けたものであって、いつも二人の兄上のうしろについて、朝な夕なに父上母上の御気嫌をうかがい、折目正しく立ち居ふるまい、言葉づかいや表情をおだやかにするよう心掛けて、その身なり正しくうやうやしい態度は、あたかも峻厳な主君にお目通りするようであった。

さらに原文は続いて

賜以優言、問所好尚、
勵短引長、莫不懇篤。

その訳。

だが、すると父上母上は、やさしいお言葉をかけて下さって、好きな欲しいものをお尋ねになり、また短所を厳しくなおし長所を引きのばすべく、いつも懇切丁寧にお導きいただいた。

（岡村繁著　宇都宮清吉訳『顔氏家訓』中国文学論集1）

之儀と之善の二人の兄は弟の之推の面倒をよくみていることが分かる。

「顔氏家訓」の「勉学第八」には

吾七歳時、誦霊光殿賦、
至於今日、十年一理、猶不遺忘。
二十之外、所誦經書、一月廢置、
便至荒蕪矣。

とある。平凡社東洋文庫の「顔氏家訓」1・2（宇都宮清吉訳注）では「勉学第八」には第八章「学問論」と表記して、さらに段として別の見出しを付けて解説している。それは二十篇のすべてにわたっている。

つまりここでは「勉学第八」であり、同時に第八章「学問論」の一〇〇段「晩学のすすめ」である。以下特別の付記がない場合の「顔氏家訓」の現代語訳はすべてこの本に由っている。この部分の訳は「私は七歳の時、「霊光殿の賦」を暗誦したが、以来今日まで十年に一度のおさらいにも、やっぱり忘れていない。二十歳以後に暗誦した経典は、一カ月ほっておくと、もう駄目になってしまう。」（顔氏家訓1　一四一頁）とあり、晩学を勧める文中にも若いころ覚えたことは年月を経ても忘れないことを強調している。「顔氏家訓」「序致第一」はさらに続く。

年始九歳　便丁荼蓼
家塗離散　百口索然

第一章「主旨」の二段「私の生いたちに寄せて」には「（前略）ところが、私が九歳になった途端に、大変な不幸が起こって、家運はかたむき家の人々もひどく減ってしまった」とある。

大変な不幸とは五三九年に父顔協が死亡したことを指す。梁の朝廷に出仕していた官人の父はまさに大黒柱で、その収入は父によって支えられていたはず。二人の兄もまだ二十歳に達していない。雇い人たちも見切りをつけて次々に離れてしまったから、家は寂しくなる。

以下、原文を省略して兄について触れている箇所の訳を見てみると。

兄上は幼い私を養育するのに千辛万苦の限りを尽くされたが、可哀そうが先立つか一向に厳しくなさらず、「殆ど自由放任だった。」というわけで、私は「周礼《しゅらい》」や「左伝」は「家学でもあるので」まだしも読みはしたものの、心の底では文章を書く方が好きで、随分と不勉強仲間の悪習にも染まってしまった。（後略）

（顔氏家訓1　五頁）

とある。後に出てくる文学仲間との飲酒などが〝悪習〟になるわけだ。

父を亡くして数年たち、十二歳のころの之推については、このような記述がある。「北斉書」文苑伝内の顔之推傳にある原文だ。

世善周官左氏學。之推早傳家業、

年十二、値繹自講荘老、便預門徒。

虚談非其所好、還習禮傳。

之推は家業である儒学を早くから継いでいる。十二歳の時には東湘王繹が自ら老子と荘子を講義したが、その聴講に参加している。しかし老荘の学、つまり玄学は虚談だとして、その好むところにあらずと嫌い、

「礼記《らいき》」や「左伝《さでん》」を好んで読んだという。

十二歳にしてこうだ。儒学と玄学を峻別して老荘を排し、「礼記」や「左伝」などの儒学を好んだというのだ。当時の士大夫の子息としては特別なことではないのだろうが、現代の感覚でいえば相当に早熟な少年であったことは間違いない。

之推にはわずかに残っている詩があるが、その代表作ともいえる「古意」の一行目には、こうある。

十五好詩書　十五詩書を好み

詩書とは「詩経《しきょう》」と「書経《しょきょう》」のことだ。少なくとも十二歳で「礼記」と「左伝」を、十五歳で「詩経」と「書経」を好んで読んでいたのである。

「北斉書」顔之推伝には顔之推について、先ほどの続きがこうある。

博覽羣書、無不該洽、
詞情典麗、甚為西府所稱。
繹以為其國左常侍、加鎮西墨曹参軍。

（之推は）おびただしい書籍を広く渉猟していて、学問、知識に広く通じている。その文章の調子は正しく麗しい。そのため幕府は彼を高く評価して、湘東王繹は国左常侍に任命し、さらに鎮西墨曹参軍という役職も加えた。

之推は十九歳で左常侍になっているので、すでに十七、八歳には、このような高い評価を得ていたと思われる。

一方、「顔氏家訓」の「序致第一」の先ほどの続きには、こうある。

こうして、我がままの限りを尽くし、軽はずみなことも言い放題で、身持ちを正しく保つことは怠りがちだったのである。
（顔氏家訓1　五頁）

これを原文では簡潔に

肆欲軽言　不脩邊幅

と記している。
この「不脩邊幅」辺幅を脩《おさめ》ずというこの部分は「北斉書」文苑伝内顔之推伝にも出てきている。

好飲酒　多任縦
不脩邊幅　時認此少之

飲酒を好み、好き放題のことをして辺幅を脩ずにいた。世間から自分は謗られていた。
とある。「顔氏家訓」「序致第一」の続きには、こう書いてある。

年十八九　少知砥礪
習若自然　卒難洗盪
三十已後　大過稀焉

第一章「主旨」二段「私の生いたちに寄せて」には

（そうこうするうちに、）十八、九歳ともなったが、さすがに勉強しなければと気づきはしたものの、「習いは自然の若《ごと》し」といわれるように、［長年の悪習が身に染みつき、］急には脱却するわけにいかなくなっていた。度はずれたことを余り行《や》らなくなったのは、やっと三十歳を越えた時分からで、（後略）

（顔氏家訓1　六頁）

つまり出仕前後の十八、九歳のころは学才の誉れ高く西府の官職にも就いたが之推自身が私的な生活を述懐する時、あまりほめられたものではないというのだ。公的な評価はかなり高いが、私的なそれは相当に低い。自分に厳しい評価を下しているようにも思える。

なぜだろうか。「顔氏家訓」を書く意味について之推は「序致第一」篇の最後に、こう書いている。その部分の訳をみてみると。（なお前述の文章「度はずれたことを余りやらなくなったのは」の後で「やっと三十歳を越えた」という部分は訳者によると三十が二十の間違いであろうということなので、二十歳と表記した。）

度はずれたことを余り行《や》らなくなったのはやっと二十歳を越えた時分からで、いつも精神と行為、理性と感情が絶えず相剋し、互いに優位を競い合う有様だった。夜半にふと目覚めては今朝の過ちに気付いたり、ずっと後になって以前の失敗にほぞをかむといったことも再三ではなかった。それにつけても自分の不勉強がこのような結果になったのだと、つくづく自分で自分が憐れになり、幼少の頃の兄上の躾《しつけ》の御主旨を思い返して、とくと骨身に刻みなおしたような次第である。まことにこの経験たるや、単に古書の与える通り一ぺんの印象とはまた格別に痛烈なものだった。こんなことを考えるもので、ここに二十章からなる文章を書きとどめ、お前たち後から生まれてくる者に教訓の資料にもしようと思ったわけである。

（顔氏家訓1　六頁）

かなり長くなったが、一言で言えば之推の子孫に自分と同じような過ちを犯さないようにしてほしいと念願して、この家訓「顔氏家訓」を書いたと言っている。

之推十九歳の年に勃発する梁代の大乱が侯景《こうけい》の乱である。この大乱については以下一章に譲ろう。

# 一章　侯景の乱とは何だったのか

野蕭篠以横骨　邑闃寂而無烟
（野は蕭條として以て骨を横たえ、
邑は闃寂として烟なし）
「観我生賦」

侯景とは五四七年に、華北の東側の王朝である東魏から梁帝国に降伏、帰順した将軍であった。しかし翌五四八年八月に梁に背き挙兵した人物だ。その後、梁の都の建康を襲い、都とそこに住む人々に壊滅的な破壊と暴虐を行った張本人である。

之推が「北斉書」文苑伝内の「顔之推伝」中に書いた長賦の「観我生賦」では、見出しに掲げたように「野は蕭條として以て骨を横たえ、邑は闃寂《げきしゃく》として烟なし」とあって、侯景による建康の街への破壊と住民に対する陵辱を嘆いて止まないことになる。

この侯景の乱は梁代の末期であると同時に、武帝の治政の最末期に勃発した事変でもある。ただし、この梁代から書き起しても分かりづらいことが多々あるので、漢（前漢）の成立から新の王朝簒奪をはさんで漢（後漢）の事実上の滅亡、三国志の時代、さらには魏から晋の統一までかなり長くさかのぼって歴史を振り返ってみる必要がありそうだ。

## 秦の滅亡と劉邦の漢帝国

紀元前二〇六年に秦帝国が滅亡。項羽と劉邦の楚漢戦争は鴻門の会をへて、同二〇三年に広武山で対決後、国境線を設定して和睦する。同二〇二年休戦して三カ月後、劉邦の漢軍の追撃に項羽の楚軍が垓下に包囲され四面楚歌となり、塢江の渡し場で項羽は愛馬騅とともに進むことができず、最後を迎えた。

天下人となった高祖劉邦は同年首都を洛陽（後に長安）において新王朝漢（前漢）を樹立した。その劉邦は一九五年四月に長安で病死して恵帝が即位。以後王朝は十四代平帝まで続く。平帝は紀元前一年に即位。大司馬の王莽が政治を補佐する。翌年安漢公になった王莽が国政を牛耳って娘を平帝の皇后にして外戚となる。さらに平帝を毒殺して漢王朝を簒奪。紀元後九年、新朝の樹立を宣言する。ここに前漢は滅亡。

ただし新朝の命脈はわずかで二十三年に漢の末裔の劉秀が権力を握り、二十五年に即位して光武帝となって漢の再興に成功した。漢王朝（後漢）を復興する。後漢はこの光武帝から再び十四代の献帝（一八九〜二二〇　在位）まで続く。

一九六年、この献帝によって三国志の魏の曹操は魏公から魏王に封じられ、鄴を王都とする事実上の新王朝の魏を樹立した。しかし正式に王朝が漢から魏に交代したのは二二〇年正月に曹操が六六歳で病死して、曹丕《そうひ》が同年十月に洛陽を首都とする新王朝魏を創立する時まで待たなくてはならない。

こうして二二〇年に魏が、翌二二一年に蜀の劉備が成都で即位して蜀漢政権を樹立、さらにその翌二二二年には呉の孫権が首都を建鄴として呉国を立て、ここに三国が鼎立《ていりつ》する三国時代が始まった。

## 三国志の時代、諸葛亮と司馬懿の戦い

もちろん、よく知られているように事実上の三国時代はそのかなり前から始まっていて、そもそも後漢末の霊帝（一六七〜一八九　在位）の一八四年に太平道の張角を首領とする武装蜂起「黄巾の乱」の際、後漢王朝が乱の討伐のために正規軍を組織した一方、各地に民間の義勇兵を募った。三国志の第一世代ともいえる曹操、劉備、孫堅（孫権の父）の三人とも、この黄巾の乱の討伐を機会に歴史に登場したことは、まぎれもない。

当初の「黄巾の乱」討伐戦の後、新たな反乱者である董卓《とうたく》と敵対する「反董卓連合軍」の袁紹や袁術、公孫瓚などを含めて曹操、孫堅、孫策（孫堅の長男）、孫権（同じく次男）劉備などが、それぞれに協力、対立しながら最終的に勢力が三国の雄にまとまっていくわけだ。

よく知られている戦いだけでも二〇〇年の袁紹対曹操の官渡の戦い、二〇八年には曹操対劉備の新野の戦い、同じ相手で長阪の戦い、曹操対劉備と孫権同盟の赤壁の戦い、曹操対諸葛亮の南都の戦いと続き、二二二年に劉備対陸遜の夷陵の戦い、二二五年の諸葛亮対孟獲の南蛮征伐戦、そして諸葛亮対魏の北伐は二二八年の街亭の戦いから二三四年の五丈原の戦いまでに五回にわたる戦争が行われている。

この戦いで諸葛亮にとって宿敵といわれる人物が登場する。司馬懿《しばい》である。字《あざな》を仲達《ちゅうたつ》という。司馬仲達といえば「死せる孔明、生ける仲達を走らす」のあの司馬仲達、つまり司馬懿である。

諸葛亮の北伐で司馬懿と直接戦うのは二三一年四月の祁山《きざん》攻略戦だ。それまでの北伐でも蜀軍は秦嶺山を越えて敵地に入るが、常に狭い桟道を多くの兵糧を運びながら移動しなければならない。そのために転落事故などで損失も出て補給が不足し、戦地では勝利していても結局撤退を余儀なくされてしまうことが多かった。

そこで今回は狭い桟道でも小回りのきく、新兵器ともいえる運搬車を諸葛亮が考案した。一つは木牛で、もう一つは流馬である。木牛は二輪車で大八車風の、流馬は一輪車で現代日本の建設現場などでも使われている「ねこ」風のもの。つまり前者は轅《ながえ》が前に付いていて、後者は後ろに付いている形だ。

一方の司馬懿はどうか。この二三一年魏の曹真が病死したので、明帝から後任として都督雍州諸軍事、つまり漢中方面軍総司令官に任命されて諸葛亮と初めて直接対決をすることになった。

この戦いでは緒戦は蜀軍が優勢であったが結局両軍三ヶ月の持久戦となり、またもや蜀軍の食糧が枯渇して諸葛亮軍は撤退せざるを得ない状況に。ただし司馬懿軍は諸葛亮軍を追撃するあまり実力派の将軍の張部《ちょうこう》を戦死させてしまった。双方の痛み分けか。

そして二三四年に諸葛亮は五回目の北伐を敢行する。武功郡五丈原（陝西省宝鶏市）に進出する五丈原の戦いである。諸葛亮は度重なる食糧不足による撤退を防止するために、本陣の周囲を開墾して食物の自給的な確保を狙う作戦に出た。

司馬懿はこの戦いで敵の唯一の弱点ともいえる兵糧不足を誘うために本格的な持久戦に持ち込んだ。諸葛亮がさまざまな局面でいくら手出しをしても、まったく応じない。そのために亮は司馬懿に対して「お前は男ではない。女だ」と言わんばかりに、女性用の衣服を届けたりする〝嫌がらせ〟までしたことは史上有名だ。

この年の八月に諸葛亮は病没。本人の遺言でその死を伏せたまま蜀軍は撤退を開始する。司馬懿はこの撤退が亮の何らかの謀略ではないかと疑い、その一方前回の戦いで撤退する蜀軍を追撃して張部を失ったことも記憶に新しい。それらで疑心暗鬼におちいって、追撃も中途半端に終わり、結局敵軍を取り逃がして決着はつけられなかった。これが「死せる孔明、生ける仲達を走らす」のお馴染みの場面である。

## 魏の滅亡と西晋の建国

これ以降、時代の推移をたどってみると二六三年、魏による蜀漢平定戦が行われ、劉備の息子の劉禅が降伏して蜀は滅亡する。それよりかなり前の二二六年、魏の曹丕（文帝）が死亡し、息子の曹叡（明帝）が即位するが、その明帝が死亡した二三九年、曹真の息子の曹爽が大将軍となって、司馬懿とともに明帝の遺言によって幼帝の曹芳政権を補佐することになる。しかし二四四年の曹爽主導の蜀征伐に司馬懿は反対したものの、強行して大失敗に終わった経緯がある。これ以来両者は決裂し、曹爽は司馬懿を排除し、司馬懿は病気を理由に出仕しなくなる。

二四九年のこと。じっとしていた司馬懿は曹爽一派がちょっとした油断をした虚をついてクーデターを起こして曹爽一派を打倒したのである。司馬懿が魏の実権を完全に掌握した。二五一年に司馬懿は七十三歳で死亡。長子の司馬師が権力を継承するが、その後弟の司馬昭が廃帝の曹髦を殺して元帝の曹奐を立て、前述したように二六三年に蜀を滅ぼし、二六五年に司馬昭が死ぬと息子の司馬炎が新王朝の晋を建国する。この晋という国は後に王朝の王たちによる反乱と異民族の侵略で滅亡し、江南に一族が東晋を樹立するので本来の晋のことは西晋と呼ぶことになる。

つまり司馬懿から始まり、長男の司馬師より次男の司馬昭にバトンがリレーされ、昭の息子の司馬炎に至って権力を完全に掌握するのである。親から子へ、さらに孫の三代四人によって魏から西晋へと王朝を簒奪したことになる。またこの司馬炎が二八〇年に残存していた呉を平定したので、ここに三国時代は完全に終わった。

三国志の話が長くなってしまった。だが、この司馬懿こそが魏王朝を簒奪して自身の王朝である西晋を打ちたて、その後西晋滅亡後も王族の一人、司馬睿が江南に渡って東晋を樹立し、以後四王朝が続く南朝の嚆矢となったのであるから、そのキーパーソンとして果たした役割は大きい。

## 西晋の滅亡と五胡十六国時代

さて司馬懿と子供、孫の三代四人で立てた西晋の命脈は呆気ないほど短かった。二九〇年に武帝司馬炎が死んで、翌年以降は継承した暗愚な恵帝を自由に操る賈《か》皇后の行動が多くの不満を呼び、三〇〇年に趙王の倫《りん》によって賈皇后をはじめその一党が殺害され、その後王族同士で争乱状態になった。三〇一年八人の王が相争う「八王の乱」がそれだ。この乱で生き残ったのは東海王の越だけという惨状だった。

この時期には西晋の権力は極めて弱まり、おりからの異民族の侵入で五胡十六国時代が到来したのは三〇四年ぐらいからだ。三〇六年に恵帝の後を継いだ弟の懐帝は匈奴《きょうど》によって捕虜になり、三一三年に処刑された。懐帝の後に愍帝が即位するが、西晋は三一六年に匈奴の劉曜により完全に滅んだ。西晋を倒して三一九年に前趙を建国したのはこの劉曜である。それ以前から匈奴など五つの異民族を表す五胡が跳梁し、建国された国が十六国にのぼることから五胡十六国といわれるようになる。

五つの異民族とはもちろん漢民族から見た異民族のことであり、匈奴、鮮卑《せんぴ》、羯《けつ》、羌《きょう》、氐《てい》のことだ。大雑把に民族を把握すると匈奴は秦漢帝国の時代から北方の遊牧騎馬民族として勇名を馳せてきて、言語は古代アルタイ語の一種で、インド・ヨーロッパ系の人種であったらしい。これに比較的近いのは羯である。初期には後趙王国を建てた石勒《せきろく》が代表的な人物だ。容貌の特徴として鼻が高く、目が引っ込んでいて、ひげが濃いというインド・ヨーロッパ系の顔立ちをしていたようだ。

鮮卑はモンゴル族で狩猟、牧畜生活を主としていた民族で、その中に拓跋部《たくばつぶ》と慕容部《ぼようぶ》という部族があって、前者が華北を統一して強大な北魏を樹立し、後者は前燕《ぜんえん》、後燕《こうえん》、南燕《なんえん》などの国を建てる。羌は後秦を建国したチベット系の遊牧民族であり、氐もチベット・ビルマ語系の人々であったが羌と違い農耕をも行う民族であり、住んでいる地域によって成漢国《せいかんこく》や前秦《ぜんしん》などの国を建てている。

## 東晋の建国と司馬睿

これら異民族の五胡と漢族が互いに覇権をめぐって抗争しながら生き残りを図っていった。このような状況の中で、前述した西晋の王族の一人である琅邪王の司馬睿《しばえい》に注目したい。司馬睿は西晋の武帝である司馬炎の叔父の伷《ちゅう》の孫にあたる。八王の乱では最後の生き残りの東海王の越と行動を共にしていたが、三〇七年に越から揚州方面軍司令官に任ぜられた。睿はそれ以前からさまざまな助言をしてくれる参謀格の王導をはじめとして、その従弟の王敦らと共に江南の地に渡って都の建業（後の建康）に進出してきた。

それからいくつもの経過を経て、地元の豪族らの支持も得て三一八年睿がこの地で東晋を建国して初代の皇帝の元帝となる。この華北から江南に渡来してきた小規模な軍団の中に、本書の主人公である顔之推の八代前の先祖である顔含《がんがん》がいたことは序章でも触れた通りだ。顔氏一族はこれ以降、建業の南部長干の顔家巷を本拠とすることになる。顔之推にとって顔含は江南での顔氏の開祖というだけではなく、その生き方や考え方に大きな影響を与えているので、顔氏家訓にもたびたび登場する極めて重要な人物である。

さてここで時代の流れを確認しておきたい。三一六年に西晋が滅亡。この翌年司馬睿は江南で晋王となり、翌三一八年に元帝として即位して東晋王朝を開く。以後南朝は東晋の後に宋、続いて斉、さらに梁、最後に陳（五八九年に隋によって滅亡）となる。これらを南朝と呼ぶが、東晋の前に三国志の呉を加えて六朝《りくちょう》と称することもある。

一方の華北はどうか。こちらは五胡十六国時代といわれる争乱状態がまだずっと続き、三九八年北魏（鮮卑の拓跋部）の拓跋珪《たくばつけい》（道武帝）が平城に遷都して帝位についた。次の明元帝、その後の太武帝の四三九年、北魏は北涼を滅ぼし華北の統一を実現した。これ以降、江南の南朝と華北の北朝とによって南北朝時代、あるいは時代を少しさかのぼって魏晋南北朝時代と呼称されるようになる。

## 東晋から宋へ

南朝のこれらの王朝をかいつまんで素描してみよう。最初の東晋は元帝司馬睿(三一八〜三二二　在位)をトップバッターとして十一代恭帝(四一八〜四二〇)まで百年以上続く。途中部下の王敦の乱(三二二)や蘇峻の乱(三二七〜三二九)などの反乱もあったが、おおむね順調であったといえる。この時代前半は王導の、後半は謝安の政治的な手腕が功を奏した。だが末期になると王朝の秩序が乱れてきた。孫恩の乱(三九九〜四〇二)では建康政府の北府軍団の劉裕《りゅうゆう》が乱を抑える大きな功績を残した。有力な武将となった劉裕が四〇四年に実権を握り、正式に東晋の皇帝から禅譲を受けて新たな宋王朝の皇帝に即位したのは四二〇年であった。東晋から宋に時代は変わったのである。

宋は劉裕が開いたので劉宋ともいわれるが、初代劉裕を武帝(四二〇〜四二二)として八代順帝(四七七〜四七九)まで約六十年の王朝だった。五世紀に入って貴族に対して軍人の力が強まり、軍事政権的な色彩が濃くなってきた。ただし三代目の文帝(四二四〜四五三)の時代は元嘉《げんか》の治といわれる安定した政局が約三十年続く。だが文帝の在位中四三九年に北魏が華北を統一して大勢力を誇った。四五〇年に文帝はその北魏討伐に踏み切ったのだ。結果は大敗して、北魏が宋の都の建康の対岸まで迫る危機に遭遇した。これ以降、宋は衰退して四五三年皇太子が父である文帝を暗殺し、兄である皇太子を弟の劉駿《りゅうしゅん》が殺害して四代皇帝の孝武帝（四五三〜四六四）となった。だが、これ以降も皇族を次々に殺害。次の前廃帝（四六四〜四六五年）、さらに明帝（四六五〜四七二）も同様なことをした。結局この六代明帝が信任していた武将の蕭道成《しょうどうせい》が四七九年に最後の八代皇帝の順帝（四七七〜四七九）ほか劉氏一族を皆殺しにして劉宋を滅ぼし、自らが皇帝に即位して新王朝の斉を建国したのである。

## 宋から斉へ

斉は後に華北を統一した北魏が東西に分裂して東側に東魏が誕生し、さらに北斉へと王朝が変わっているので、北斉と区別するために南斉と呼ばれている。この南斉は高帝蕭道成（四七九〜四八二　在位）を初代として七代和帝（五〇一〜五〇二）まで約二十年しか続かない短命政権に終わる。前の劉宋の時代もひどかったが、蕭道成の甥の五代明帝（四九四〜四九八）も権力を他の皇族から奪われるのではないかという疑心暗鬼によって次々に殺害を繰り返した。南斉でも有力な軍団を握っているのは、皇族が多かったためでもある。そして六代目が東昏侯（四九八〜五〇一）だ。この人物は歴代の中国残虐皇帝ベストテンがあれば、上位を占めるのに十分な資格のある有名人である。その残虐ぶりは省略して、東昏侯を打倒する軍を起こしたのが雍州（湖北省襄陽）の軍団長であった蕭衍《しょうえん》だった。五〇〇年のことだ。翌五〇一年建康は陥落し東昏侯は倒され、一時は帝の弟の和帝を即位させるが、五〇二年和帝を廃して蕭衍が皇帝となった。これが梁の武帝その人である。この武帝の行為を南斉王朝の簒奪として抗議の餓死をしたのが顔之推の祖父の顔見遠であったことは序章でも述べた。とにかく時代は南斉から梁に移ったのである。

## 斉から梁へ、梁から陳へ

梁代は武帝の蕭衍（五〇二〜五四九　在位）を筆頭にして六代の敬帝（五五五〜五五七　在位）まで続く。この間五十五年。南朝初めの東晋に迫る長さだ。しかも武帝だけで四十七年。王朝末期の侯景の乱で惨憺たるありさまになるのだが、それまでは今までになく平和な時代であった。政治的に安定していたこともあり、さまざまな貴族文化が華と咲き、まさに南朝文化の黄金時代でもあった。それも今までの皇帝にない文化人、知識人としての武帝の実力によるところが大きい。

顔之推の祖父顔見遠の息子である協は南斉末の生まれであるが、協、之推親子ともども梁の武帝の治世に生きた。梁代についてはこれからも詳述するので、このぐらいで切り上げよう。

五五七年に梁が滅亡する。侯景の乱が終わって、最終的に武将の陳覇先と王僧弁が戦って前者が勝利して陳朝を樹立することになる。これについても後述するので、これ以上は言及しない。

## 侯景の乱の発端

侯景は北魏の人間であるが、山西省の北部の出身で羯族らしい。いずれにしても微賎の出である。北魏末の六鎮の乱から国内で動乱が始まるが、侯景はこれに乗じて頭角を現した。リーダーの一人の高歓が五三四年、北魏を東西に分断して東側に東魏を建国（王城は鄴）するが、侯景も同志としてこれに従った。そこで実績を上げて高歓の信任を得て司徒河南大行台という重職を与えられた。これを契機に河南一帯を十万の兵を率いて支配するようになった。一方、同年に西側に西魏を事実上建国したのは宇文泰であった。高歓は五三七年に宇文泰を攻撃したものの敗北。だが五四三年に高歓が宇文泰に大勝した。その高歓が五四七年に死去すると、息子の高澄が皇帝として立つが、以前から高歓には従うけれども、あの鮮卑の小僧（高澄のこと）にはついて行かないと公言していた侯景は早速そむいた。つまり梁に降伏帰順したいと訴えでたのである。しかも支配地の河南をもってだ。

これに対して梁の重臣たちはこぞって反対するが、武帝は侯景の申し出を諒とする意向だ。議論は沸騰したが、重臣の一人の朱异《しゅい》が武帝に強く同調して侯景の帰順を認め、梁の河南王に封じるという対応を示した。このことが後に梁朝にとって致命的な結果をもたらすことになる。収まらないのは東魏の高澄だ。侯景討伐の軍を直ちに起こした。東魏では高歓が生前、武将として侯景に太刀打ちできるのは慕容紹宗《ぼようしょうそう》だけだと公言していたので、将軍の紹宗を司令官にして軍を発した。一方の武帝も侯景を援護すべく軍を派遣する。司令官は武帝の甥の蕭淵明《しょうえんめい》である。だが戦況は東魏軍が全面的に優位に立ち、淵明は生け捕りにされ、侯景も敗走を続けて軍勢も八百人ほどに激減し、長江に近い寿春まで逃げ延びてきたという始末であった。ただし侯景は部下を建康に派遣して敗戦を報告し、その罪を受けようとしたが武帝は罪を問わず、むしろ彼を南豫州の牧に任じたのである。五四七年の話だ。

翌五四八年、梁の武帝の下に捕虜になった淵明から使者がきて、東魏が梁との和平を望んでいるという。梁としても負けた戦いでもあり、六月に和平使節を東魏に送った。これを知った侯景は気が気ではない。梁が東魏と和平してしまえば淵明が梁に送り返されるのと交換に自分が東魏に連行されるのではないかと怪しみ、かつ恐れたのだろう。武帝に何度も手紙を送って東魏との和平を止めるように懇願した。しかし、らちがあかないとみるや、同年八月に寿春で叛旗をひるがえしたのだ。侯景の乱がここに始まった。

## そのとき梁の情勢は

さて梁はこの時代はどのような状況だったのだろうか。前述したように梁代五十五年の間、武帝の治政が四十八年とほとんどでしかもおおむね安定しており、武帝自身も宋や南斉の皇帝たちと比べたら間違いなく寛容であり仁慈の君主と言えるだろう。若い時期には儒教的な経世済民への意思が強く、その後三十九歳で即位するまでは道教的な神仙思想に関心が移っていて服薬などに凝っていた時期もあったが、即位後になるといささか仏教への傾斜が目立ち始めた。「涅槃経」や「般若経」の教えに深く帰依するようになった。五〇四年には武帝の仏教宣言ともいえる「捨事道法詔」を出す。これは道教、儒教に対する訣別宣言でもあった。森三樹三郎の「梁の武帝―仏教王朝の悲劇―」（平樂寺書店）によると

（前略）このとき、武帝は道俗二万人を重雲殿に集め、その面前においてこの詔敕を発したのであって、その決意のほどを思わせるものがある。「（中略）それ公卿百官侯王宗族よ、宜しく偽より反りて真に就き、邪を棄てて正に入れ」と命じている。（中略）武帝の仏教に対する傾倒ぶりは、この時を境として、急激な上昇を示していることは疑えない。（後略）

と書いてある。さらに下って五一五年、武帝五十二歳のとき皇太子の元服の年を契機に政治の実務を皇太子に任せ、自分はこれに距離をおき始めた。

これ以降武帝の仏教への耽溺はより深くなり五一七年不殺生戒を実践しようとしたり、五一九年菩薩戒を受けたりしながら、仏寺を次々に造営した。さらに五二七年に同泰寺で捨身《しゃしん》、五二九年にも同泰寺で捨身するなど狂信的ともいえる行為が目立ってきた。なぜ狂信的なのか。

武帝がみずから「三宝の奴」となって寺院に捨身すると、政府はこの奴隷となった皇帝を買いもどすために、億万銭を寺院に支払うことになるからだ。前の森論文によると

（前略）仏教に傾倒してより後の武帝は、まことに皇帝菩薩の名に恥じないものがあった。（中略）当時の首都建康の寺院だけでも五百余所、僧尼の数は十余万に登り、地方の郡県に至っては、その数を知らぬといった有様であった。（南史）。（中略）梁朝の上下をあげて仏教に帰依し、南朝における仏教の黄金時代を現出することになった。（後略）

という。ただし武帝の人となりについて梁書は

「古昔の人君を歴観するに、恭倹荘敬、芸能博学、これあること罕《まれ》なり」といい、絶讃を呈している。（後略）（同論文）

とある。

このような武帝の宗教的な固執の理由の一つに国内の秩序に乱れが生じてきたこともあげられる。武帝自らの貨幣政策の失敗から貧富の差が激しくなり、農民の流亡や失業者が増大したこと。一方上層階級は

長年の平和ボケで貴族層の軟弱さや怠惰ぶりが目に余るようになってきた。どのように〝軟弱〟で〝怠惰〟であったのか。顔之推の「顔氏家訓」の「渉務第十一」第十一章実践論一五六段に「梁《りょう》代の士大夫」という項目があるので、少し長くなるが翻訳文のみ紹介してみよう。

梁《りょう》朝（五〇二～五六）の御代には士大夫たち（身分ある家柄の人々）は何れも、儒者が好んで着る褒《ほう》衣（すその大きな着物）に広い帯をしめ、大きな冠に高足駄をうがち、外出には必ず車か輿《こし》に乗り、家では必ず何人もの侍者をはべらす。勿論城の内外では馬に乗る者が一人もないという有様だった。周弘正は宣城王（簡文帝　五四九～五一の長子大器）に愛顧を受けたが、ある時一頭の果下馬（中国東北地方の濊《かい》族の地から産する子馬）を下賜されたので、以後常にそれを乗り廻していた。「高がこれくらいのことに」朝臣どもは何れも、そんな彼を「随分思うままなことをする御仁《じん》だ」などと評判し合っていた。これがもし尚書郎（国務総省高級事務官）ともあろう人物で馬なぞを乗り廻そうなら、それこそ正に弾劾ものだったのである。

侯景の乱が起こるや（五四八～五二）、この連中は筋骨薄弱を極めて歩行にも堪えられず、体力気力共に軟弱で寒暑にも堪えられぬ者が多く、争乱のあわただしさの中で、腰を抜かしたまま死んだのは、どれもこれも、こうした連中だったのである。建康の令（知事）王復は、もとより生まれついて物やわらかい上品なお人柄だったが、一度も馬に乗ったことがないという御仁だ。だから馬がいななき勇んで跳《は》ねると、必ずおじ気が出て震《ふる》えがくるという始末。とどのつまりこの御仁の語に曰く、「あれが馬とは飛んでもない！　あれこそ正真正銘の虎だよ！　誰が馬だなぞと呼んだのだ？」と。梁代の風俗は実に、このような愚かしき体《てい》たらくだったのである。

（顔氏家訓2　六頁）

無論これには武帝のブレーンである重臣たちにも大きな責任がある。もともと武帝は自らも優れた文人であったことから文人貴族を重用してきた。初期には沈約《しんやく》と范雲《はんうん》、中期には周捨と徐勉という優秀な側近がいたが、後期の朱异と何敬容という人物には失政に対する批判も多い。実際に梁の儒臣の賀琛《がちん》が武帝に警世の文書である「四カ条の上奏」を提出している。一に重税による民の流亡、二に風俗の奢侈、三に下級官僚の立身出世主義から生まれる汚職、四に賦役による民衆の疲弊の四つだ。これに対して武帝は反論し、賀琛も再反論することで、言い争いになったという事実もある。ただし武帝が怒って反論したことは自分自身が大変質素な日常生活を送り、奢侈とは程遠いと力説するばかりで、賀琛の諫言の反論としてはピント外れである。つまり梁代の後期は長期安定政権もさすがにタガがゆるんで、あちこちにほころびが目についてきた時代だったと言えよう。そこに降ってわいた戦乱が侯景の乱であった。

## 侯景はどのように建康に迫ったのか

さて侯景の話に戻ろう。侯景が南下を決心する際に重要な人物の存在がある。ほかでもない武帝の甥で養子にもなっている臨賀王蕭正徳《しょうせいとく》である。臨川王宏の第三子だ。正徳は養子にはなったものの太子にはなれなくて武帝に恨みを抱いていた。もともと品行が芳しくない、人柄も評判が悪い。侯景はこの正徳に接近して協力を取り付けていたのである。吉川忠夫の「侯景の乱始末記」（中公新書）の「台城の攻防」によると

叛乱軍は手はじめに寿春西方の馬頭戍と東方の木柵を攻めおとしたのち、しばらく様子をうかがっていたが、王偉の献策にしたがって、侯景の外弟の王顕貴《おうけんき》に寿春の留守を命じたうえ、いっきょに建康をつくこととなった。十月庚寅（三日）には、合肥《がっぴ》にむかうとみせかけて譙州《しょう》を襲い、丁未（二十日）には歴陽《れきよう》をくだして長江北岸の横江《こうこう》に達した。そこには蕭正徳の手配した大船数十隻が待機していた。しかも横江対岸の要地、采石《さいせき》の鎮将はにわかに更迭をつげられ、新任者はまだ到着していないという。

（後略）

とのこと。侯景軍にとってはこれ以上にない絶好のタイミングであった。しかも梁の政府は侯景軍が千人ほどの小部隊であったし、通常では長江の守備を突破して渡江できるとは思っていず楽観していた。しかし平北将軍（国都防衛の任務とする）である正徳自身が侯景軍の手引きをして渡江させたのである。

長江を楽々と渡った侯景軍は東進して慈湖に向かう。それまで一貫して楽観論を唱えていた梁の朱异などの建康政府上層部は、事ここに至って大慌てにあわてた。十月、敵は目前に迫りつつあるのだ。宮城内の諸軍事を宣城王蕭大器《しょうたいき》に命じ、副将に羊侃《ようかん》を当てた。この羊侃は宮城内の本城とも言える台城の守備配置を速やかに決め、その後も最も頼りにされる指揮者であり続けた。この羊侃について「顔氏家訓」の「慕賢第七」（第七章良友・達人論八七段「器量の開き」）に記述がある。

侯景が建業（建康）を占領したばかりの時（五四八）、皇居の御門は幸いにも閉《と》じられてはいたが、公私は共にあたふた大混乱し、何びとといえども自身の安全さえ保ち得ない状態だった。その時にあたり、太子左衛率（東宮御所守衛兵司令官）羊侃《かん》は皇居の城壁の東側の脇門に陣どり、部隊を配置し統率の方針を確立し、一夜にして総《すべ》てを処理し尽くして、遂にそれから百余日にわたり反乱軍の攻勢をよく防衛する「基礎を作る」ことができたのである。時に皇居内には四万人ばかりの人があり、王侯貴族や高官たちも百人は下らなかったが、他ならぬ唯一人の羊侃を頼りとして、その安全を保ち得たのであった。「かの人々とこの人、」その器量はかくも大きな開きがあった次第である。（後略）

（顔氏家訓1　一一一頁）

というものだ。顔之推は羊侃を極めて高く評価している。さて台城にこのような戦闘配備をすると同時に米などの食糧を搬入した。また宮城正門といえる朱雀門の守備を東宮學士の庾信《ゆしん》に、さらにその奥にある宣陽門を例の臨賀王正徳に任せたのである。正徳は太子綱が朱雀門の前の浮橋を引き上げて敵の進撃を阻止しようとしたが、それに反対して侯景の有利な態勢をお膳立てした。したがって侯景軍は朱雀門まで難なく侵入してきた。

朱雀門の守備を命ぜられた庾信は建康令であったが、目前に現れた侯景軍の兵士が鉄面を付けているのを見ただけで、その場から逃げ去ったとある。侯景の乱について触れている論文には必ずと言ってよいほどこのエピソードが紹介されている。臆病者、軟弱者の汚名は末代まで残ってしまったようだ。もともと詩人であるし〝文弱の徒〟であるから、さぞ怖かったのだろう。先程「顔氏家訓」の中で士大夫の軟弱さがこき下ろされていたが、そこに書かれていた王復が問題だ。建康令に王復という人物は見当たらないらしいので、王復とは庾信のことだと分かる。しかし顔之推と庾信には因縁がある。之推の「観我生賦」は庾信が書いた「五十年中江の表は事もなし」という「哀江南賦」の影響を受けて書かれたらしいからだ。そこで家訓には彼の不名誉をはばかって本名を書かなかったのかもしれないという説もある。

それやこれやで侯景軍は朱雀門から梁の守備軍が逃げたので、すんなりと門を抜けた。その先の宣陽門は正徳が迎え入れてくれたので、まったくの無血状態で台城の手前の六門城に入ることができたのである。一方侯景軍を迎え撃つ建康守備軍は台城にひしめいていた。籠城している戦闘員は二万人ぐらい。しかし一般の非戦闘員が十万人いたと言われている。これだけの人数なので確かに米は四十万石という量を運び入れたが、焦ったせいか副食物の備蓄が圧倒的に乏しかった。肉や野菜がすぐに不足してきた。それがその後戦闘の長期化に伴って苦しみの原因になってくるのだ。

侯景軍は戦車や火車、登城車などの攻城具を使い、また台城の北にある玄武湖の水を使って水攻めをするなど攻撃を執拗に繰り返した。守備軍も羊侃の指揮の下によく戦った。しかし翌五四九年の一月以降になると米以外の食糧の備蓄のほか燃料の不足も深刻になって尚書省の建物の一部を壊して燃料としたり、ネズミや雀を捕らえて食べたり、馬を殺して食べたり、死人の肉にまで手を出すようになった。また馬に食わせる餌にも困り米飯をあてがった。一方の侯景軍もすでに糧食の欠乏に苦しんでいた。おまけに台城に攻撃を加えてまもなく武帝の子弟を中心にした建康城救援に馳せ参じた各部隊が百万も建康城を取り囲んでいたのを侯景も十分承知している。だがなぜかそれらの軍団は静観しているだけでいっかな宮城に救援に来ない。侯景としては有難い限りだが、その真意はさっぱり分からない。そこへ荊州の湘東王の有力な援軍がこちらに向けて進軍して来るという知らせを受けた侯景は湘東王軍がすでに取り囲んでいる諸部隊と合流して一気に攻め込んでくるやもしれぬと思案したのかもしれない。二月上旬になって建康政府に和議の提出をした。武帝は「和するは死するに如かず」と言って拒否した。しかし太子綱が台城での窮状を強く訴えたので武帝も最終的に認めた。和議の成立である。

和議が成立したら侯景と軍は建康城を去って北帰する約定だった。だが侯景は言を左右にして一向に台城包囲を解かない。それどころか台城の東南にある東府城の米を戦闘現場の六門城に運び入れ、主食の不安を解消してしまった。どうやらこのまま居座るようだとだれもが思う行動だ。

## 役立たずの建康救援軍

それでは侯景も疑問視している建康政府への救援軍はどうなっていたのか。援軍の第一陣は武帝の六子の邵陵王の蕭綸《しょうりん》であった。三万の軍勢が宮城の北東方向の蔣山に陣を敷いたが、折からの豪雪で戦うことも不可能になって撤兵した。十二月には六州の刺史を主力とし、中でも司州刺史の柳仲礼を大都督とする混成軍十万が馳せ参じた。そのほかに湘東王蕭繹《しょう》の世子蕭方等と将軍の王僧弁の部隊が各一万で合わせて十二万が建康城を取り囲んでいたのである。ただしこれらの軍勢に対して大勢を占めるのはさらに後から詰めてきた武帝の子弟の軍勢であった。彼らが加わって総勢百万を呼号する巨大軍団になった。だがそれらがいつまでも静観し、動かない。拱手傍観とは、まさにこのことである。それには当然だが理由があった。武帝の子弟同士の不仲だ。それについては武帝の皇太子選びについて確認しておかなければなるまい。

そもそも武帝とその皇太子であった昭明太子との間に晩年に齟齬があった。太子が五三一年に三十一歳で夭折すると本来ならば次期皇太子は昭明太子の長男の蕭歓になるはず。であったが武帝が皇太子としたのは自分の第三子である綱（後の簡文帝）だ。このような場合嫡孫の蕭歓を太子にするのが筋だが、昭明太子の弟の綱がこれに取って代わったという次第である。この事実によって他の弟たちは一斉に色めき立った。元皇太子の弟が皇太子になれるのならば、八人いる自分たち武帝の子供たちもその資格はあるわけだ。以後彼らは皇太子綱に対して尊崇どころか不遜な気分を抱くようになった。そうなると油断はできない。互いに皇位継承の機会を巡って警戒し、牽制し、策動するなどして、本来の兄弟として同調・協力する関係とは無縁になっていった。このような武帝の子弟軍団が建康城を取り囲んでみても、それぞれの出方をうかがうばかりで、何らの積極的な攻撃を仕掛けるわけではなかったのである。

中でも険悪な関係は湘東王蕭繹対武陵王蕭紀、湘東王対河東王蕭誉、廬陵王対鄱陽王、臨城公蕭大連対永安公蕭確などの対立があった上に、雍州と司州の二州の兵を率いて全軍団の代表格でもある柳仲礼は邵陵王蕭綸や臨城公蕭大連と仇敵の間柄という始末なので、複雑に入り組んだ諸関係は二進も三進もいかない状況だった。例えば湘東王が本拠の江陵から侯景征伐に進軍を始めると、武陵王がすぐに留守中の江陵を襲う構えを見せたので湘東王は慌てて引き返したほどだ。その湘東王もせっかく建康に到着したのに侯景と政府の和議が成立したことを知ると、すぐさま江陵に戻ってしまった。まったく腰が定まらないことおびただしい。

## 台城の陥落

再び台城攻防戦に戻る。侯景は援軍が攻撃をしないうちに台城を陥落させた方が得策と判断したのか和議から一ヵ月もたたない二月末に再度宣戦布告をして襲いかかった。台城籠城側も戦闘再開した。ただしこの百日以上籠城していた時点で守備軍の死者は凄まじく、曲がりなりにも防備に当たれる者は四千人に足りなかったという。新たな兵卒は入らず、例によって食糧もままならない。疲労困憊の体だ。この同じ時期に援軍の総帥である柳仲礼は台城の外にあって妓妾を呼び集めて日夜宴会を催していたというのだから、籠城軍はその事実を知ったら泣くに泣けないだろう。そして侯景軍は三月十日に西北楼から一気に攻め込み、ついに台城は陥落した。最初の包囲、攻撃から四ヵ月半さらに和議の後の攻撃再開から十日で全面崩壊した。

この時、武帝は文徳殿にいて永安公蕭確から落城の報告を聞いた。武帝は「なお一戦すべきや」と聞くと蕭確は「不可能」と告げたと史書にいう。しかし蕭確は侯景との戦いのために援軍として兵を率いた宗族の一人で、まぎれもなく当事者なのだが、どうも他人事のような対応ぶりだ。武帝はそれに対しては何も言わずに「我よりして之を得、我よりして之を失ふ。また何をか恨まんや」と言った。武帝自らがかつて建康城を手に入れ、そして今また自らの原因でこの建康城を失うことになったということだろう。これはどういうことだ。そもそも今まで梁の都の建康で、武帝の治世で戦いが起きたためしがない。侯景軍が来る前の戦いといえば武帝となる前の五〇一年に蕭衍自身が襄陽から攻め下って前王朝の南斉の暴君東昏侯を台城に包囲し、勝利して以来のことだ。ほぼ五十年ぶりになる。武帝としても感慨深いものがあったはずだ。

その後、武帝は侯景と会見するが、武帝が話しかけても侯景はひどく緊張したのか何も言えなかった。武帝は前代の南斉時代からの宗族の出身であり、梁朝では五十年近く皇帝であり続けてきた人物である。一方の侯景といえば華北の懐朔鎮の出身で、出自も分からない微賤の出である。二人の身分の差と貫禄の違いが、このような場面を現出したのか。これ以降侯景は位負けにこりたせいか直接武帝に接することはなかった。

とは言え、侯景は台城を制圧したのであるから最高権力者になったことは間違いない。自身自ら丞相、大都督中外諸軍、録尚書事と称して、早速命令を発した。台城や六門城、石頭城、東府城などを含む建康城を取り囲んでいた梁の援軍に即時解散を命じたのである。援軍は一斉に包囲を解いた。百万という大軍である。一体彼らは何のために三カ月以上に渡って包囲し、また解散したのか。関係者でなくともその〝役たたず〟ぶりには腹立たしくなる。

その後、武帝は侯景の言うことを聞かなかった。例えば人事についての裁可を求めた際にも拒絶した。侯景も対抗して武帝の要求を受け付けなかった。特に食事について好みの膳を出さないとか量を減らすなどさまざまな嫌がらせをした。武帝もさすがに弱り、寝込むようになった。最後に喉が渇いたか蜜を欲しいと訴えたが、無視された。「荷荷《かか》」という言葉を発したのが武帝の最期だったという。五四九年五月。享年八十六歳。梁代の大部分を皇帝として君臨し、短期政権の多い南朝の皇帝の中でもずば抜けた長期安定政権を築いたこの人物にして、この最期は何ともふさわしくない。顔之推は「観我生賦」の中で武帝の死を悼んでいる。

「武皇忽以厭世　白日黯而無光」
「武皇は忽ちにして以て厭世し、白日は黯くして光なし」

と詠った。

## 侯景の最後

一方の侯景の動向はどうだ。武帝の死後、皇太子の蕭綱の即位式が行われる。ここで新天子簡文帝として即位する。簡文帝の娘の溧陽公主が侯景に降嫁した。ところで侯景の乱の時期に肝心の顔之推はどうしていたのだろうか。五四九年、建康の台城が侯景に占領され、武帝が死亡し簡文帝が即位したこの年、之推は十九歳の青年だ。序章でも触れたように〝辺幅をおさめず〟という時期だった。江陵の湘東王蕭繹は台城陥落の知らせを四月に建康から帰還した世子の方等から聞いた。すぐに防備を固めるために江陵城の周囲七十里に柵を築いた。次いで甥であり湘東刺史河東王の蕭誉に長江を南下すべく水軍の提供を命じた。だが拒否される。七月に方等を蕭誉の下に派遣するが、方等は破れて殺されてしまう。翌五五〇年に蕭繹は蕭誉を攻撃し、四月に下した。九月に方等の弟の方諸を中撫軍郢州刺史に任命。之推を湘東王国左常侍に加えて荊州都督府の鎮西墨曹参軍に任命した。之推は蕭繹の息子の方諸に仕えることになる。十四歳の少年将軍だ。実際の任務は方諸を相手に主に文学の話をしていたらしい。なお武帝の死後、建康では簡文帝が即位していたわけだが、軍団の総勢からいっても事実上全梁軍総司令官ともいうべきは江陵の蕭繹だった。之推はその湘東王の次男の下に出仕していたことになる。

その方諸が郢州の江夏（湖北省武昌）に鎮した。之推も方諸に従って同行し、官名は中撫軍外兵参軍になって、職務は書記をつかさどった。そして五五一年三月を迎える。侯景軍は西に向けて進撃し、四月に郢州の武昌にある方諸の城を陥れた。方諸は捕えられて侯景の下に送られ、あえなく殺害された。蕭繹の長男の方等は蕭誉に、次男の方諸は侯景に、それぞれ殺されたのである。連行された之推も一緒に殺されるはずのところ、命は助かった。これには侯景の行台郎中の王則という男が関与している。一度ならず二度、三度と之推は王則に命を助けられている。不思議な話だ。この件に関していくつもの研究論文を読むと、「本来なら殺されるところ」とか「普通なら殺されるところ」とか「当然殺されるところ」などとなっている。ということは「本来でもない」「普通でもない」「当然でもない」何らかの取引が両者の間で行われたのではないかという推測も成り立つ。しかしごく単純に王則がまだ若い之推にいたく同情して助けたということもあり得る。あるいは之推の人柄に王則がすっかり惚れ込んで、ということであっても荒唐無稽とも言えないだろう。分からない。とにかく之推は死を免れたものの、囚われて建康に送られたのである。以後之推は五五一年から五五二年にかけて侯景の俘囚として生きていた。

これほどの暴威をふるった侯景もいよいよ終末が近づいてきた。五五一年十月、侯景軍は湘東王蕭繹の武将王僧弁率いる荊州軍と長江上の巴陵で激突し、侯景軍は大敗を喫した。侯景は建康に逃げ帰り、永福宮で簡文帝を殺して帝位を廃し、自らが十二月に即位して皇帝になった。しかし翌五五二年、王僧弁の荊州軍は陳覇先の軍と合流して侯景の建康城を攻め立て、ついに三月に侯景は建康城を放棄して長江を北に渡ろうとするが、羊鯤に首を切られて絶命する。わずか百余日の〝天子〟だった。屍は建康の市で茹でられ、その首は江陵の蕭繹の下へ、二本の腕は東魏の高洋（死んだ高澄の弟）へ送られた。それ以外の部分は市にさらされると、たちまち人民に食い尽くされたと「梁書」侯景伝にいう。

## 侯景の乱の誘引と敗因

五五二年、この年に顔之推は解放され、凄まじく荒れ果てた建康を見る。美しかった街並みのすべてが破壊、略奪され、男は虐殺され、婦女子の多くは凌辱され、名門子女たちは妾となって生きていた状態を目の当たりにしたのである。まさに「野は蕭条として以て骨を横たえ、邑は闃寂として煙なし」と自身が「観我生賦」で詠った通りの場面を目撃せざるを得なかった。

また顔氏家訓の「終制第二十」（第二十章遺言二五二段「(Ⅰ)死について」）では

死とは人間が常に負うべき命運《さだめ》であり、免れがたいものである。私は十九歳にして、かの梁《りょう》（五〇二～五六まで存在）の王朝［を壊滅させるような大打撃となった例］の騒乱にぶつかったのである。あの当時は文字どおり抜き身と列を組んで歩いたことも、二度や三度には止まらぬ有様だった。（後略）

（顔氏家訓2　一七六頁）

と書いている。

もう一つ「観我生賦」に出てくる「予一生而三化、備荼苦而蓼辛」つまり「予《われ》は一生にして三たび化し、荼苦《とく》を備《な》めて蓼辛《りょうしん》たり」に出てくる三化のうちの一番目の危機が之推自身こうむった侯景の乱とそれに伴う梁朝の末期的な惨状であった。賦にいう「三化」とは三度に渡る亡国の体験とそこからの甦えりを示している。梁朝自体はもうしばらく延命するが、事実上梁朝とそこで繁栄を極めていた貴族社会は潰えたと言っていい。

わずかに命脈を保った梁朝だが、短期間に皇帝である武帝、簡文帝、侯景と三人がいずれも死んだ。次期皇帝としてふさわしいのは実力者であり、簡文帝の弟である湘東王蕭繹である。侯景の乱終息の功労者、王僧弁がかねてから即位を薦めていたが、固辞していた蕭繹は五五二年十一月ついに荒廃した建康でなく本拠地の江陵で即位した。元帝である。顔之推はこれにより建康から江陵に戻り、元帝から散騎常侍に任命される。それからの江陵の時代については次章に譲る。その前に梁朝が侯景の乱を誘引して敗北してしまった原因を最後に考えてみたい。

侯景の行動に対する武帝側の対応を時系列に見て、箇条書きにしてみよう。

①侯景が東魏の高澄に背いて梁に帰順したいという意向を武帝が認めたこと。
②侯景が東魏軍に敗北して寿春に逃げ込み、武帝に罪を問うも不問にしたこと。
③東魏が武帝に対して送った手紙には侯景がいかに信頼できない人間であるかを縷々説明していたが、無視したこと。

この文章は東魏の杜弼《とひつ》が書いたとされていて長文になるが、是非紹介したい。

我東魏は自ら抑制して梁と和平の交際を結び、その利益を受けたものはもとより梁であった。しかるに侯景は自ら猜疑して西は西魏の相宇文泰と兄弟の約を結び、南は梁と君臣の義を定め、ついに干戈を取って東魏に対するに至った。しかも戦破るるや建康城をもってその好き隠家となし、辞を甘くし礼を卑うしてその身を置かんことを謀って居る。梁主はその実際を察せず、かえってこれを自己の野心に利用せんと計り、ついに鄰好の大義を滅したのであるから、その結果の良からざること明白である。およそ一人を得て一国を失うは智者のなさざるところで、たまたま梁はその計劃を改むべき時である。かの侯景の梁に降った真意は、南朝の振わず、やがて衰亡の徴あるを見、彼取って代らんの野心を有して居るのである。侯景はもとより言うに足らぬ人物なるも、久しく軍事に経験を有する結果、その部下の兵は南朝のそれに比してはるかに勝って居る。後来、江南の人士はことごとく彼の馬蹄の下に倒るるであろう。いま梁主はすでに年老い、政治は乱れきって居る。しかも彼自らは清浄の治を敷いて居ると信ずるが、その領内の人心は変乱の必然生ずべきを予想して居る。もし侯景がこの機に乗じて梁を擾乱し、我東魏のこれを討つに至らば、南朝の存在はもはや期し得られぬ。ゆえにいまに及んで梁の諸将および梁の一族にして我朝に降るあれば、我は喜んでこれを款待するであろう。

（岡崎文夫著「魏晋南北朝通史内編」平凡社）

どうだろう。その後の梁の状態をほぼ正確に言い当てているのではないか。

④侯景が寿春で挙兵に踏み切る前に梁朝が懐柔できなかったこと。
⑤侯景の初発の奇襲攻撃が成功したこと。
⑥前項に関連して梁の臨賀王正徳が侯景軍の長江渡河を手引きしたこと。
⑦梁朝は侯景軍の渡河は容易でないと多寡をくっていて、侯景軍の侵略にほとんど対策と準備をしていなかったこと。
⑧侯景軍が挙兵した時は千人程度だったが、建康城内の台城を包囲した際には戦力が十万人規模に膨れ上がっていたこと。
⑨前項に関連して侯景は梁朝の奴隷を解放して味方に付けたり、失業者を扇動して戦力に加え、さらに略奪を自由にやらせ、分配もして戦力を増やしたこと。
⑩梁朝側の首都守備軍が戦闘に不慣れで侯景軍にほとんど抵抗できなかったこと。
⑪その後に救援に来た軍団は諸州の刺史や武帝の子弟の諸王が中心であったが、諸王間の不仲、敵対状態のために指揮系統が統一されず、連携して有効な反撃をすることができなかったこと。
⑫武帝の子弟に対する監督の甘さと刑のゆるさ⑥と関連するが、帝の弟である臨川王蕭宏は帝に対して何度も大逆を謀ったが、そのつど許してきた。宏の息子が臨賀王正徳だ。侯景の長江渡河に手を貸し、さらに侯景軍に有利に動いた張本人であった。

この中でも⑤と⑪がかなり致命的ではなかったのか。⑤の侯景軍の渡河成功の奇襲によって建康側の戦備のすべてが後手にまわってしまった。しかし、それでも⑪の諸王が協力・連携していれば、まず間違いなく侯景軍を打倒することができたはずだ。もちろん敗因は梁代末期の世情にも大きく関わってくる。東魏が武帝への手紙で指摘していたような政治の乱れ、経済政策の失敗、それによる失業者の増大などである。そして武帝自身がすでに仏教に惑溺していたという事実も見逃せない。それらのすべての要因が侯景の乱を呼び寄せてしまったのかもしれない。

# 二章　江陵の陥落と西魏への連行

民百萬而囚虜、書千兩而煙煬　溥天之下、斯文盡喪
（民百万は囚虜となり、車千台分の書籍が焼かれて、あまねく天下の貴重な文献がことごとく失われた。）
「観我生賦」

## 武帝の子弟間の抗争

江陵で即位した元帝こと蕭繹と顔之推との関係は序章でも触れたが、之推の父顔協と祖父の顔見遠までさかのぼる。見遠は南斉末の後の梁の武帝となる蕭衍の革命に対して抗議の餓死を遂げた。武帝の不興を買った息子の協は武帝ではなくその七子の蕭繹に出仕したことはすでに述べた通りである。湘東王蕭繹の鎮西府に仕え、諮議参軍となった。五二六年に王が荊州に出鎮した際に正記室に転じている。五三一年、蕭繹が二十三歳、協が三十四歳の時に之推が誕生。文学好きの蕭繹の下に多くの文士が集まり、協もそれ

らの文士と交わって活躍したほか、特に能書を高く評価されていたらしい。その協が五三九年、四十二歳で死亡。之推九歳の時であったことも書いた。さらに侯景の乱の後、元帝は五五二年十一月に江陵で即位し、之推は散騎侍郎になったところまで話は進んだ。

武帝の死後、その子弟間は不和、不仲というレベルではなく戦闘状態に入っていく。前述したように五五〇年四月に当時の湘東王蕭繹は長男の方等を屠った湘州刺史で長沙に本拠を置く河東王蕭誉を攻撃して殺した。この蕭誉の弟蕭詧は雍州刺史で襄陽を本拠とする岳陽王である。二人の兄弟は昭明太子つまり武帝の夭折した皇太子統の次男と三男であった。蕭繹と二人の兄弟は叔父と甥の関係になる。同年この戦闘より前の三月、蕭繹は襄陽の蕭詧を襲撃すべく柳仲礼を派遣した。侯景の乱の〝宴会将軍〟である。岳陽王は兼ねて誼《よしみ》を通じていた西魏に援軍を依頼した。西魏は将軍の楊忠（隋の創始者楊堅の父）の軍団を急派した。楊忠は柳仲礼はじめ荊州軍の多くを俘虜にした。ここは岳陽王の勝ち。しかし西魏の力を借りたことで蕭詧はこれ以降西魏の制御を受けることになる。襄陽は陸路水路を含めて交通の要衝であり、軍事都市でもあった。その要地の主として蕭詧は後に兄の蕭誉を殺害され、武昌にいた武帝の六子邵陵王の蕭綸が殲滅され、さらに同じく武帝の八子、益州刺史の武陵王紀も後のことになるが、五五二年七月に王僧弁によって殺されているので蕭繹が一大勢力になってきたことに大きな脅威を覚えて、警戒を一層強めていた。五五一年蕭詧は自ら西魏の都の長安を訪れて、最高権力者の宇文泰に直接伺候する。当時の西魏の文帝は形式上の皇帝で、権力を持っていなかったからだ。この両者の接近で五五二年十一月に江陵で即位したばかりの梁の元帝の命運は心細いことになってくるのである。

当然ながら元帝にとって蕭詧を制御し、後ろ盾になりつつある西魏が大きな脅威だ。五四九年当時、西魏の宿敵の東魏はどのような状況か。東魏の高澄は部下に殺されて弟の高洋が後を継承した。翌五五〇年に高洋は名ばかりの皇帝の孝静帝から禅譲を受けて東魏改め新王朝北斉の皇帝として即位する。文宣帝である。この高洋に元帝は意識的に接近する。敵の西魏の敵は味方だからだ。五五二年三月に侯景を倒した王僧弁を通じてその二本の腕を高洋にプレゼントしたこともあった。この時期には北斉は元帝となる前の湘東王を梁主として正式に承認している。文宣帝としても西魏の南下を牽制する役回りを元帝に演じてもらいたいという心づもりがあったはずだ。しかし西魏は前回、元帝の軍を打ち破って江陵の近くまで来たものの漢水の所で北に引き返している。このままであるはずはないと誰もが思う。不気味だ。

この時期の五五三年、顔之推は何をしていたのか。員外郎という役職に就いた。そのすべき仕事は建康から来た膨大な書の校訂に当たることである。特に「經史子集」の中の史部の校正をしていたらしい。「顔氏家訓」の「勉学第八」（第八章学問論一〇三段「老荘学所見」）には老荘学に言及しつつ、元帝に触れている箇所がある。

（前略）梁朝の御代（五〇二〜五五六）になって、この流行がまたまた頭をもたげてきた。『荘子』と老子

『道徳経』と『周易』とは三玄（虚無主義の三奥義書）と総称されるが、武帝さま（五〇二～四九）・簡文帝さま（五四九～五一）御両所とも御自らこれの講義もなさり討論会もお開きになっている。周弘正も御主旨に賛同して、大いに活躍したもので、都城にも郷村にも感化はゆきわたって、学徒は千余人ともいわれる程。誠に盛大を極めた次第ではあった。元帝さま（五五二～五四）が江州（五四〇～四七）や荊州《けい》（五二六～三九、五四七～五二）に御駐在の頃には、やはりこの学問を御愛好なさり、学生をお召しになって御自ら教授なさり、寝食さえもお忘れで、夜を日に継いでの御熱心さであった。遂には劇務にお疲れになり、気分がむしゃくしゃされる時は、きまって直ぐさま御講義をお始めになって、まぎらしとなさったものである。当時私も何度か御講座の末席に連なり、御主旨を御声で近々と拝聴したこともあった。しかし実は生まれついての頭脳の固さのうえに、余り好きな方ではなかったので、……という次第だった。

（顔氏家訓1　一五五頁）

と書いている。元帝と父の武帝、兄の簡文帝といずれも大変な勉強好きであり、少なくともこの時代は老子、荘子、周易の三つ即ち玄学をとりわけ好んだようだ。

## 西魏の来襲と江陵の陥落

西魏がいよいよ江陵に向かって進撃を始めた。五万の軍団を率いるのは府兵制で六人しかいない柱国大将軍であり、鮮卑人の于謹《うきん》であった。五五四年十月十三日。軍団が襄陽に近づくと、襄陽城の主で岳陽王の蕭詧とその軍団が出迎えた。西魏軍と共に江陵城の元帝を攻撃する手筈だ。

一方の当事者である元帝は城内の竜光殿で家臣を前にして『老子』の講義をしていた。本文を読み上げて、それに講釈を加える。その途中、西魏軍が南下して江陵に迫って来ているという緊急情報が入ってくるが、一顧だにしなかった。さすがに于謹の戦闘主旨を書いた檄文を見せられると、講義は中止。しかし外の様子は変わったところはないと報告を受けると、再び講義を再開した。ただし百官は戦争になった場合を考慮して戎服を着て講義を聞いていた。元帝は何としても『老子』の講義を続けたかったらしい。結局梁軍が戦闘準備をして守備についたのは十一月三日。五日には西魏軍と蕭詧軍が江陵に姿を現した。

ところで顔之推は西魏軍が襲来する直前まで揚州にいたらしい。なぜか。元帝から勅許と銀百両を下賜されて、江州で死亡した両親の墓を建てる計画であった。揚州の郊外で瓦を焼いて準備をしていた。だが西魏が江陵城を攻めて来るということで、計画はひとまず中止して江陵に戻って来る。しかし結果的にその後二度と揚州の地に来られず、晩年に書いた顔氏家訓の「終制第二十」で、その無念の胸の内を執拗に述べることになる。

十五日には城内で火災が発生して多くの建物が炎上し混乱した。元帝は当初内城にいたが、落ち着かないのか城内の民家や寺を転々としていた。西魏の軍勢が本格的に江陵城に押し寄せてきたのが十二月二日。江陵に来てから日にちが経っているが、到着後に両国間で和議が成立していたらしい。しかし西魏は一方的に破棄して攻め込んで来た。西魏の于謹が元帝の立場になって考えた時に防御の上策は長江を下って建康城を本拠地にすることであり、中策は江陵城の内城に籠城することであって、下策は江陵城の外城で戦闘をすることと睨んでいたが、元帝はその下策を選んで外城で敵を待ち受けてしまった。

元帝は城内の守備についた後に最も信頼し、実績もある王僧弁を建康から呼び寄せようと急使を放ったが時すでに遅く、とても間に合わなかった。その王僧弁が以前建康から八万巻の書物を元帝に奏上したが、それも合わせて十万から十四万巻ともいわれる書物を元帝は焼くように舎人に命じ、また自からその火の中に身を投じようとしたが、それは阻止された。父の武帝が所有していた膨大な書物に加えて自分自身が大事にしてきた文献を〝野蛮な〟西魏に略奪されるぐらいなら焼いてしまい、自分も死んでしまおうと考えたのかもしれない。しかし、この〝焚書〟は梁史だけではなく南朝の文化史のためにも大きな損失であったことは間違いない。

外城は間もなく西魏の手に落ちた。元帝は幽閉される。処刑されたのは五五四年十二月十九日。西魏対梁の一戦はあっけなく梁の完敗で終わった。元帝政権はわずか二年少々で瓦解したのである。西魏は岳陽王であり、すでに梁主として認めていた蕭詧を改めて後梁という名の西魏の附庸国つまり傀儡国の皇帝とした。この後梁は五八七年に隋に滅ぼされるまで三十年あまりの命脈を保つことになる。

元帝の死について顔之推は後に北斉に入国してから「古意」という詩に書いている。一行目だけは序章で紹介しているが、改めて全文の現代語訳のみ掲げてみることにしょう。

私は十五で詩経や書経の学問を愛好し、二十で冠の塵をはじいて出仕した。楚の王様（梁の元帝をたとえた）は、もったいなくも私に好意を持って接して下さり、章華台に出入りするほどの高官に取り立てて下さった。賦を作れば屈原をも凌ぐ出来栄え、書物を読めば（博識の史官の）左史椅相にも誇る学識を見せた。王様が月見の宴会を開かれる際には何度も（宋の謝荘が「月の賦」で詠じたように）ご相伴させて頂き、王様がお祭りを執り行う際には（「高唐の賦」を奉った宋玉のように）お供したこともあった。山に登っては紫の霊芝を摘み、長江に舟を浮かべては緑の香草を採った（梁に仕え、皇族の方々の厚遇を賜り、優雅な生活を送らせて頂いた）。しかし、楚の宮廷の楽しい歌や舞いが終わらないうちに、突然、風や塵が天を暗くするごとく、激しい戦乱が起こった。呉王闔閭の軍は九龍を刻んだ台を打ち壊し、秦の兵隊は千里の地を奪い取った。狐と兎が楚王の先祖のおたまやに巣穴を作り、朝廷や市場は人気なく霜や露で覆われている。楚王が手に入れた貴重な和氏の璧は、趙に奪われて趙の都の邯鄲に運ばれ、張華と孔章が地中から掘り当てた剣は襄城の水中に没した。それなのに、私は歴代の王のみささぎの前で殉死することもできず、おめおめと（北朝に仕えて）生きているとは全く恥ずべきことである。しかし、今でも旧都（江陵）の壊滅を悲しむ気持ちで一杯で、かつての主君（梁の元帝）を悼む気持ちで胸が張り裂けそうなのだ。とは言え、鏡に写るのは白髪あたまの我が姿、余生は祖国の人々を哀悼して終わるのであろう。（石川忠久編著「漢魏六朝の詩下」明治書院）

文中に括弧で示されているのは訳者の注で、元帝を戦国時代の楚王に、西魏兵を秦兵になぞらえて表現している。之推が北斉にすでに仕えていたので、その皇帝をはばかって昔の話のように描写しているようだ。

そして勝者の西魏によって敗者の江陵の官民合わせて十数万人は、その都長安に拉致、連行されることになった。顔之推の「観我生賦」には以下のように書かれている。

民百萬而囚虜、書千兩而煙煬。
溥天之下、斯文盡喪。
（民百万は囚虜となり、車千台分の書籍が焼かれて、あまねく天下の貴重な文献がことごとく失われた。）

憐嬰孺之何辜、矜老疾之無状。
奪諸懐而棄艸、踣於塗而受掠。
（あかごに何の辜ありやと憐み、老疾の無状を矜れむ。これを懐より奪ひて草に捨て、塗につまづきてむちを受く。）
（佐藤一郎著「顔之推伝研究」北海道大学文学部紀要）

つまり乳児に何の罪があろうかと憐れむ。老人、病人に対する無状を憐れむ。赤子を母の懐から奪って捨て、老人、病人が路上につまづいて転べば無情にも鞭を受けた、と記している。

ここでは囚虜の数は百万となっている。確かに侯景の乱の際に建康から脱出し、四散した人々が相当な数に上ったと陳書にも出ている。その一部は江南に向かったが、多くは荊州つまり江陵に行ったとある。したがって以前の江陵より人口はかなり増えていたはずだが、百万というのは、やや大げさか。顔之推自身は脚気を患っており、幸いにも痩せ馬ではあったが、乗馬で移動ができた。しかし多くの俘囚たちは江陵から長安までの気の遠くなる距離をひたすら歩かせられたのである。途中で少なからずの人々が落伍し死んでいるはずだが、西魏の都長安に着いた俘囚十数万人のうち十余万人が、つまり圧倒的に多数の人々が奴婢に落とされたとなっている。

これに関連して之推は「顔氏家訓」の「勉学第八」（第八章学問論九二段「学は身を助く」）で次のように書いている。

学芸を身につけている者は、たとえ如何なるところへ行っても、安住の場所だけは見つかるものだ。［あらゆるものが根こそぎ破壊し尽くされた、］あの大乱以来、俘囚《ふしゅう》のうき目におちた人は数々あった。その中には代々身分もなき階層に属してきた身でありながら、わずかに『論語』や『孝経』ぐらいの書物が読めるというだけで、結構先生などと呼ばれている人物も事実いたのである。しかし反面には何十代となく、高い身分官階を維持しつづけてきた家柄に生まれながら、書籍という程のものが読みこなせない連中は、例外なしに地を耕すか馬の世話方にでもなる他《ほか》はなかったのも事実である。（後略）

（顔氏家訓1　一二三頁）

「あの大乱以来」の大乱とは侯景の乱を指すが、この場合は今回の江陵陥落後の俘囚たちの〝地獄の長安連行〟を主に語っているような気がする。奴婢に落とされた人が多かったという事実から一般庶民は別にしても、貴族であり官吏であって学問に勉学にいそしまなかった人が少なくなかったようだ。後にも出てくるが、特に梁朝の貴族に対する之推の舌鋒の鋭さはまさに半端ではない。徹底している。

西魏による江陵への襲来、陥落、元帝の処刑、長安への連行という、この一連の惨禍こそ顔之推にとって「予一生而三化」予は一生にみたび化すという、生涯三度の塗炭の苦しみを味わった二度目の事件であった。之推二十四歳の年である。また侯景の乱で江陵に避難してきた多くの人々にとっても二回目の敗北であり、平たく言えば〝踏んだり、蹴ったり〟であった。

五五五年、ともかく連行された一行は長安に到着した。奴婢に落とされる者が多かった中で顔之推は紛れもない読書人であったことから知識人として遇されたようだ。中でも之推にとって幸運だったのは、ある人物との知遇を得たことだ。その名を李穆《りぼく》という。西魏の府兵制で最高司令官として六人しかいない柱国大将軍の下に大将軍という官位があるが、彼ら十二人は全部で二十四軍ある軍の二軍を指揮する重要なポストを占めている。李穆はその大将軍の一人であった。以後之推は李穆の庇護を受けていく。

## 北斉の対西魏外交

一方、同年の北斉の文宣帝の動向はどうだろう。宿敵の西魏が江陵を陥落して元帝を処刑し、その甥の蕭詧を傀儡国の後梁の主とした。西魏の勢力が東側に迫ってきたのだ。この状況に手をこまねいてはいられない。そこで一策を編み出したのである。侯景の乱の発端の時、侯景が当時の東魏に叛旗をひるがえした際に梁は武帝の甥の蕭淵明を援軍の将軍として派遣した。が、たちまち淵明は東魏軍に敗北して生け捕りにされた。旧東魏、今現在では北斉にいる淵明を建康に送り込んで梁朝の後継者にすればどうだという案だ。もちろん西魏がしたように、新しい梁を北斉の傀儡国にするというプランである。さらに淵明を建康に送り出す場合には他の捕虜たちもついでに帰還させるというものだ。

早速、北斉は王僧弁に淵明を梁の皇帝にせよと要求した。王僧弁は拒否した。なぜなら元帝の元将軍の王僧弁と広州軍府を基盤にして実力者にのし上がった陳覇先は協力して侯景を討ち取り、さらにこの五五五年二月に元帝の第九子晋安王の蕭方智を建康で即位させ、敬帝としたばかりだからである。しかし北斉軍は委細構わず蕭淵明と共に南下し、守備に当たっていた王僧弁の軍を打ち破り、長江の北岸まで迫った。王僧弁は梁の皇帝として淵明を受け入れざるを得なかった。ただしその条件として即位したばかりの敬帝を淵明の皇太子とすることを北斉側に承諾させた。だが七月に淵明が即位したという知らせを京口で聞いた陳覇先は承服せず、九月に建康にいた王僧弁に夜襲をかけて石頭城で殺し、淵明を廃位させ再び敬帝を立てた。その後、覇先が僧弁に代わって最高指揮権を奪取したのである。無論、北斉も黙っているはずもなく、両国の戦闘は続いていく。

だが肝心なのはこの件で北斉の文宣帝が淵明と他の捕虜を建康に送り返すという情報を西魏にいた顔之推が入手したことだ。之推はこの建康帰還の一行と共に梁に帰国できないかと考えたのである。五五五年の北斉と梁との駆け引きといざこざの前半部分つまり淵明の梁国帰還という情報の一部だけを之推が聞いたことになる。之推に梁国帰国への希望が膨らんできた。五五六年の元旦に北斉入りを占ったところ吉と出たことも意を強くする一因になった。

顔之推は大将軍の李穆に何らかの働きかけをしたらしい。李穆には兄の李遠がいて、この五五六年には最高の柱国大将軍となり、長安の東に位置する弘農（河南省霊宝）に出鎮している。之推はこの李遠の下へ書幹（秘書）として送ってもらうことになった。各種の書状を書くという役目である。弘農は黄河に近い土地である。之推としては黄河を下って北斉に渡り、さらに梁に帰還するという腹積もりだ。しかし、もちろんその本音は隠して李遠の所で働いていたはずである。脱出の準備に必要なのは舟とそれを操作する船頭と乗り組む人間だ。之推自身と妻の殷氏と長男の思魯の三人に加えて船頭との四人かもう一人手伝う人間がいたかもしれないので、四、五人ぐらいらしい。黄河は年に四回増水期があって、むしろこの大出水中に河を下れば目的地に速く到着できるという読みがあった。決行は五五六年の十月以降と睨んでいた。

# 三章　西魏から北斉への脱出と文林館時代

値河水暴長、具船将妻子来奔、經砥柱之險、時人稱其勇決
（荒れ狂う河水の中に船頭と妻子と共に乗り込み、砥柱の険しい箇所を下る。人々はその勇気を褒めてくれた）
「顔之推伝」

人と舟の準備がととのって五五六年暮れに計画を実行に移した。顔之推夫妻の長男の思魯は江陵生まれで、まだ幼い。霊宝から夜陰に乗じて舟に乗り込んだのだ。この章の始めに書いた「北斉書文苑伝」の中の「顔之推伝」の文章がこの河下りの一件を描写している。

値河水暴長、具船將妻子來奔、
經砥柱之險、時人稱其勇決。

（荒れ狂う河水の中へ船頭と妻子と共に乗り込み、砥柱の険しい箇所を下る。人々はその勇気を褒め

てくれた）

霊宝から船に乗って急流を下っていくわけだが、最大の難所が砥柱《ていちゅう》（三門峡）であって、河の中に岩が突き出ているために舟が難破することが多い場所だ。ここを突破して一夜に七百里（二八〇キロ）を下って孟津に到着したという。生命をかけた一大冒険であったことは間違いない。ただし出発地点は霊宝ではなく竜門であるという説もあるが、竜門は弘農のはるか上流なので現実的でないように思う。またこの時、船頭を務めた高偉という男のことを顔之推は「顔氏家訓」の「帰心第十六」（第十六章帰依論一八〇段「不殺生の戒について」Ⅷ魚のたたり）に書いている。

江陵出身の高偉は私に随《したが》って斉に脱走した人である。この人、約数年間ずっと幽《ゆう》州の淀《てん》（池）のある所に行って魚を捕える習慣を持っていた。やがて病気になったが、毎度たくさんの魚がやって来て体中をかみさいいなむ幻覚に襲われ、そのために悶《もん》死した。

（顔氏家訓2　六七、六八頁）

とある。西魏から北斉へ家族ともども船によって脱走した際のいわば命の恩人ともいうべき船頭の高偉について因果物めいた形で紹介しているのだが、現代人の感覚で言えば、やや酷な印象も受ける。

ともあれ舟は黄河を下って顔之推一行は無事に北斉の河陰（孟津）に入国できた。年は変わって五五七年の初め。ここから北斉の首都の鄴に移動した。鄴に到着した之推について「北斉書」文苑伝は次のように表記している。

顕祖見而悦之、即除奉朝請、
引於内館中、侍従左右、頗被顧眄。

文宣帝が顔之推に会って、喜んだ。すぐに奉朝請という官職を授けた。さらに宮中に引き入れて左右にはべらしたということらしい。もっとも奉朝請という官職は北斉の起官、つまり官僚デビューの官で無官の大夫であったようだ。

こうして之推たちは西魏から脱出し北斉の鄴に決死の覚悟でたどり着いたわけだが、ここから梁に帰国するという当初の望郷の思いを断念せざるを得なかった。なぜならこの五五七年、すでに梁では陳覇先が長期にわたる北斉の軍事的な介入を撃退して、覇先自身が即位させた梁のラストエンペラー敬帝こと方智から禅譲を受けて陳朝を開いたからだ。陳朝の武帝となった。したがって梁は文字通り亡国となり、帰るべき祖国は存在しない。顔之推は北斉で生きていくしかないと腹を決めた。

江南では梁から陳に王朝が変わったが、之推が脱出した西魏もほぼ同じころ、西魏から北周に王朝が移っていた。西魏の最高権力者の宇文泰は六条詔書を著わした蘇綽《そしゃく》と共に富国強兵政策を押し進め強力な府兵制度を五五〇年ごろまでに築き上げた。今までに見てきたように五五四年に西魏軍が江陵を陥落。五五六年に宇文泰が死ぬと、翌年その息子の宇文覚《うぶんかく》が西魏の名目上の皇帝恭帝から禅譲を受けて初代皇帝の孝閔帝となり国名を北周としたわけだ。

## 北斉での顔之推

五五八年、顔之推二十八歳。「北斉書」文苑伝によると、この年六月に文宣帝が晋陽から遊猟のため天池に到着。共に従ってきた之推を中書舎人に任命したのである。任命書を渡すべく中書侍郎の段孝信を派遣したが、之推は営外で酒を飲んでいた。それを見た孝信が文宣帝の所に戻って、早速注進に及んだ。それを聞いた帝は「ではやめておくか」と応じた。そこでこの昇進の件は沙汰止みになったという記述がある。

この顔之推の〝飲酒事件〟については研究者の論文を見ると見解が分かれるようだ。その一つは若いころからの酒好きの悪い癖が出てしまって、せっかくの昇進の機会を逸してしまったという見方。もう一つは之推自身が中書舎人に任命されそうだという情報を事前に聞いていたとするもの。これは軍務官としての色彩の濃い地位なので周りから嫉視されることも多い。しかも文宣帝自身が当時すでに酒に溺れる状態であったこと。さらに之推は新参者だったこと。これらを勘案して、まだそのような官職に就くべきでないと判断して、わざと酒を飲んで周囲を韜晦しようとしたという見方である。前者の見解も十分ありうると思うが、どうもしっくりこない。魏の時代、竹林の七賢の一人の阮籍は司馬昭から縁談をもちかけられた際に六十日間ほど飲みっ放しで、話自体を受け付けなかったという有名なエピソードがある。また西晋から東晋にかけて活動した謝鯤は竹林の七賢の〝弟分〟に当たる八達というグループの一人だ。彼は上司の王敦の東晋簒奪の野望を押しとどめようとするが言うことを聞かないので、酒を飲んで職場放棄をしてしまう。どうも知識人であり、なおかつ天邪鬼な人物の中には自分に都合が悪い場面で酒を飲んで誤魔化すという対応がほかにもあるようだ。顔之推も阮籍や謝鯤と似たような態度をとったのかもしれない。後者の立場に立つ榎本あゆちの「北齊の中書舎人について―顔之推、そのタクチクスの周邉―」によると

（前略）之推の舎人任命のあった天池行幸の前年、卽ち天保八年、文宣帝は卽位直後に開始した長城建設をより完全にする爲長城内にもう一重の長城を庫洛抜から塢紇戍まで四百餘里にわたって建設した。この重城を含めた長城一帶の諸鎭の軍事を總監していたのは趙郡王叡である。叡は天保九年樓煩に行幸して來た帝の下に伺候している。樓煩は天池のごく近くであり又重城に接近している。したがって六月の天池行幸は重城の現地視察を兼ねていたと言えよう。北方の長城建設の背景には勿論突厥との關係に緊張が增していた事がある。この軍事的緊張の中での舎人任命は、帝が之推に期待したものが文官のそれではなく、軍務官としての任務遂行だった事を窺わせる。もとより推論の域を出ないが、當時の舎人の性格と軍事狀勢とを考える時、こうした推測も許されるのではなかろうか。（後略）

（「東洋史研究」第五十三巻　第二號）

とのことである。やはり之推は軍事的な職務を回避するために重大な局面で故意に飲酒していたのだろうか。

なお北斉の皇帝は高洋の文宣帝が五五〇年から五五九年の在位と長いが、二番目の廃帝が五五九年から五六〇年、三番目の孝昭帝が五六〇年から五六一年、次の武成帝が五六一年から五六五年という具合にいずれも在位期間が極めて短いのである。この事実は当然北斉の政情と深い関わりがあり、国家の存亡にも暗い影を落としている。

五六一年、皇帝が孝昭帝から武成帝に移った年。顔之推三十一歳の時、趙州功曹参軍という官職に任命された。そこで北斉の首都の鄴から趙州に出向している。この時期のことが「顔氏家訓」の「書証第十七」（第十七章経史文字覚書集二三一〇段「趙州《ちょう》荘厳寺碑銘余談」）に出てくる。

（前略）しかるに、私がかつて趙州の佐（補佐官）をしていた当時、太原出王氏の王邵《しょう》とともに柏人城の西門にある碑文を読んだことがある。その碑文は後漢の桓帝時代（一四六～六七）に、柏人県の人民たちが県令（知事）の徐整なる人のために建立したものだった。内容に、「山に巏嶅と名づくるものあり、王喬が仙（仙人生活）したる所」とあるので、この山は巏嶅山と呼ぶのだということが、はじ

めて判明した。（中略）

要するに、この後誰にも読めなかった文字を之推が音読できたということが書いてあり、こう続く。

（中略）私が鄴《ぎょう》に帰ってから、魏収にこの説を聞かせたら、彼は大いに喜んでうなった次第である。後に彼が趙州荘厳寺の碑文を制作するに当たって、「権務の精（精霊）」という表現を使ったのは、他ならぬこの私の意見を用いたものである。

（顔氏家訓2　一二八頁）

どうだろう。之推が得意の鼻をうごめかしている様が見えるようではないか。ここに出てくる魏収は北斉の高級官僚であり、文学界では徐之才と並ぶ大立者なので、之推としてもことさらに自慢したくなったのかもしれない。

また之推はこの趙州という華北平野で地方官生活を何年間か過ごしているが、この時期に北斉の農民の生活を観察したと見え、「顔氏家訓」の「治家第五」（第五章家政論一五段「生産と生活」）にはこのように書いている。

人民が生きてゆくには、何をおいても先ず穀作による食糧生産と、桑・麻の栽培による衣料生産が必要である。言うまでもなく、野菜と果物の用意は農場や果樹園でないとできないし、鶏や豚の肉は養鶏場や養豚場でないと生産しがたい。また家屋や器具調度からして、薪炭《しんたん》や燈油のたぐいに至るまで、皆栽培や増殖によらずして得られるものは一つもない。これら生産の基本財をよく守る家では、屋敷の門を閉ざしたまま、外界と交通しなくとも、生活必要品には少しも事欠かないという程で、そういう家にないものは、ただ塩の出る井戸だけというわけである。今日北土（北方）の風俗は、大体において、質素倹約によって衣食の生活を充《みた》している。この点になると、江南（南方）の生活は奢《はで》であり侈《おおげさ》であり、とうてい華北の美風には及ばないのである。

（顔氏家訓1　三六、三七頁）

と江南の奢侈に対して華北の質素倹約を評価している。

さらに「渉務第十一」（第十一章実践論一五七段「苦労知らずの南朝士大夫」）に農本主義者のような見解を表明している。

昔の人が穀物の植えつけから刈り入れまでの、農民の労苦を知ろうと思ったのは、そうすることが穀物を貴《たつと》び農業を重んずる道だからであろう。誠に食糧こそは人間の命を司る天だと言える。人間は食物がなければ生きてゆけない。三日と穀粒を口にしなければ、父子ともに互いを生存させてやることもできなくなる。しかるに農業という仕事は、土地を耕して種をまき草を取り根をほり、刈り入れて積んで運んで、いねこきし唐箕《とうみ》にかけるまで、全く幾つとない人手を重ねて、やっとのことで倉入れが可能になるわけのものだ。このことがとくと判っていれば夢にも農業を軽んじて、末の末の他の事業などを重んずる気にはなれないはずなのである。

江南（南方）の高級官僚たちの間では、晋の中興（四世紀の初）で南の方大江を渡ってから、そのまずっと旅住まいの腰がおちついて、今に至るまで八、九代も経《た》ってしまったのである。彼らは農事に精を出す生活など一度だって経験がなく、全部官僚としての俸給を頼りに、生活をまかなっているだけである。たとえ田土を所有していても、奴隷や下男どもに全部を任せ切りの経営ぶりなので、自身は一すきの土の起こされたところも見たことがなく、一株の苗を植えるところも目にしたことがない。何の月に種をおろすものやら、何の月に取り入れるものやら一向に御存じではない。勿論のことその他の世間的な雑務など何で知っていよう！　こんな風だから、政務を執《と》らせればさっぱり埒《らち》が明かず、家務を営んでも何も処理できずということに相成る。すべては有閑生活［という不正な生活態度］から生ずる過誤なのである。

（顔氏家訓2　八、九頁）

と相当に手厳しい。

## 北斉内部での暗闘

顔之推に関しては、この五六一年までの記録は残っているが、その後、五七一年まで空白がある。その間の北斉の大まかな政治情勢を確認しておこう。前述したように皇帝は頻繁に代わっている。初代の文宣帝五五九年までの十年は別にしても、廃帝が五六〇年までの二年、孝昭帝が五六一年までの二年、そして武成帝が五六五年までの五年という具合だ。ただし後主の緯は長く在位していて五六五年から五七六年まで。最後の文字通りの幼主の恒が五七七年である。しかもその年数はどれも足掛けで数えての場合であるから、実数はもっと短いのである。

実際の政治の現場では皇帝を中心としつつも漢人貴族集団と鮮卑を含めた北族武人を主体とした北族系軍閥の両集団の対立と抗争がすべての時期に見られるというのが大きな特徴である。初代文宣帝の時代の初期は帝自身がさまざまな政治的な施策を実行し、周囲の国、特に陳との戦争では先頭に立って勇敢に戦っている。しかし五五四年ぐらいからおかしくなってきた。弟など一族や功臣、優秀な官僚などを誅殺するようになった。もともと高洋が文宣帝となるには徐之才や高徳政、魏収、楊愔らの漢人貴族が熱心に推戴して実現したという経緯がある。当然ながら彼らを厚遇する一方、禅譲に賛成しなかった、あるいは帝の感情を害した発言をした人物を殺した。この時期から酒量も異常に増え、先に紹介した五五八年の〝顔之推飲酒事件〟の時には相当ひどくなっていたはずだ。五五九年の帝の末年には大量飲酒を諫めた腹心である高徳政も斬ってしまう。このような結果、文宣帝は後世、酒乱の暴君として知られることになる。

五五九年十月、文宣帝が崩御。太子の殷が廃帝として即位する。この新皇帝の輔政に当たったのが楊愔らであって、特に楊愔は前帝の時からさまざまな謀略を繰り出している。しかし楊愔一派は五六〇年対立していた文宣帝の弟の常山王演と長広王湛に捕らえられて殺害された。そして、この演がこの年八月に孝昭帝として、湛がその翌年武成帝として、それぞれ即位するのである。

孝昭帝は人望が高く、政務に励み、勤倹に務めて民力を養い、公正な官吏の登用を行い、功臣を尊重し、従来の諸弊害を改めるなど名君だったといわれている。ただ残念ながら二十七歳で落馬事故のために亡くなった。次の武成帝の時代には恩倖と言われる人間たちが登場する。一口でいえば何らの社会的な背景もなく、口先や態度で皇帝の心をつかんでしまう人々だ。その武器は追従とおべっかである。しかし阿諛、追従、おべっかだけで出世する人間がいたら、好き嫌いは別にしてこれまた端倪すべからざる〝異常な能力〟とも言えるかもしれない。この恩倖の代表選手ともいえるのが西域の商人を祖先に持つ和士開《わしかい》だ。谷川道雄の「北斉政治史と漢人貴族」（名古屋大学文学部　研究論集　史学９１９６２）によると

（前略）和士開の祖先は商胡素和氏という。士開は才人であり、長広王の開府参軍に辟せられ、握槊・琵琶などの伎芸によって王の寵臣となった。王が践祚するや、侍中・開府に登る。和士開の人主へ

の追従ぶりは、つぎの挿話にあらわれている。武成帝の長広王時代、かれは、「殿下は天人ではありません。天帝であります」といい、帝はこれに和して、「きみは世人ではなく、世神だ」とこたえて狎れあったという。

これは文宣朝のことである。武成帝は兄文宣帝のために鬱屈させられていたから、自分をもち上げてくれる臣下を寵愛したとおもわれる。また寵臣のがわでも、こうした主君の心情にとり入ってますますその信任をほしいままにするのであろう。（後略）

同時代にもう一人、恩倖ではなく漢人で名族を出自とする祖珽《そてい》にも同じ論文で前の文に続いて言及している。

このようなことが、祖珽（孝徴）についてもいえる。祖氏は范陽の名族。孝昭帝に密啓を上って譴責されたかれは、長広王にとり入ろうとした。曰く、「殿下はなみなみならぬ骨相をおもちです。わたくしは殿下が竜に乗って天に上られる夢をみました」と。王答えていう、「もしそうなったら、あんたを大いに富貴にしてあげなければならぬ」。王が即位すると早速中書侍郎に擢拝される。祖珽の企図は、長広王の不満と野心を利用して、自分の運命をかがやかしいものにすることであった。かれの武成・後主両朝における活躍は、このようにしてようやく開始される。（後略）

ここに恩倖の和士開と名族出身の祖珽が登場してくる。祖珽については佐藤一郎の「顔之推伝研究」（北海道大學文學部紀要）によると

（前略）顔之推が最も尊敬している人物の一人がこの祖珽、字は孝徴、范陽狄道の人である。父は魏の護軍将軍で、かれは秘書郎として名家の子弟らしく仕官の第一歩を初めた。「神情機警、詞藻遒逸」《こころきとくふみのみちにすぐれていた》で若くより令誉を馳せ、世間より認められていた。しかし性は疏率で、廉慎して道を守ることはできなかった。しばしば官物横領、窃盗をなし、婦人関係も修まらず、樗蒲《ばくち》を好んだ。罪が発覚しても悔悟の色もなく、処罰をうけても、その文才を以て免るされている。北斉書巻三十九の記述は、若き彼を性格破産者の如く記する。（後略）

とある。なかなか一筋縄ではいかない人物である。和士開と祖珽のこの二人は基本的には対立しているが、自己の利益があれば妥協するという功利的な関係だ。武成帝が五六一年に即位して四年足らずで太子の緯に禅譲し、自からは上皇と称して政治的な力を保持した背景にはこの二人の企みがあったらしい。

その後もこの二人は利害のからむ人物との闘争で、ある時は反目し、また協調した。結局和士開は琅邪王に殺され、その琅邪王は陸令萱の進言によって殺された。最後に残った大物は祖珽と北族系軍閥のトッ

プ斛律光《こくりつこう》の二人だったが、斛律光は先の谷川論文によると

（前略）斛律光はつねに諸将につぎのように憤懣をもらしたという。「国境方面の軍事問題について、趙令（彦深）はつねにわれわれと相談してくれたが、あのメクラの奴（祖珽をさす）が国の機密を掌るようになってから、われわれには何の相談もない。他国の利益のためにしているとしか思われないじゃないか」と。あるいはまた、毎夜膝をかかえて「あのメクラのために国はきっと滅びる」と嘆いたという。斛律光が北周との交境をおさえているかぎり、さすが周の名将韋孝寛も手を下すことができなかった。（後略）

とある。

文中に祖珽の目について書いているが、祖珽がかつて和士開らを断罪しようとしてあべこべに光州に流されたことがある。地下牢に入れられ、その中で灯用に使った植物油の煤で失明したことを指している。さて論文の最後に出てくる周の名将の韋孝寛が奇策に出た。斛律光が周と組んで北斉の高氏政権の簒奪を狙っているという謡を北斉国内に間者を放って子どもたちに謡わせた。祖珽が前から打倒したかった男の信用を下げる歌だった。たちまち祖珽は謀反を理由にして斛律光を処刑した。喜んだのは謀略を仕組んだ

韋孝寛であろう。一方の斛律光にとっては事実無根のことで、しかも、よりによって、あの祖珽の奴にまんまとやられたかと思うと、悔しかったに違いない。無念であっただろう。祖珽が五七二年七月に斛律光を屠ったことによって名将を失い、結果的に北斉は北周に攻撃され、その軍門に下ることになるのは、そう先の話ではない。しかし勢力基盤をほぼ握ったと思われる祖珽にはまだ倒さなくてはいけない人物たちがいた。琅邪王を殺すようにと後主に強いた陸令萱《りくれいけん》とその息子の穆提婆《ぼくていば》、さらにその他の恩倖と宦官であった。女傑の令萱は夫が謀反の罪で処刑されて息子ともども官婢という奴隷状態に落とされたが、後主を養育した実績で大きな権力を振るいだした。この令萱と提婆は結果的に北斉を傾けた元凶ともいわれるコンビであった。祖珽はこのような目が回るほど多忙な時期に、顔之推とも非常に密接な関係のある文林館という一種のアカデミーとも文学サロンともいえる施設を造ったのである。

## 祖珽と文林館の創設

五七二年に祖珽は左僕射になり、文林館の実現が本決まりとなり、翌五七三年に開設された。この年祖珽は丞相になった。宇都宮清吉著「中國古代中世史研究」（創文社刊）によると

（前略）文林館は武平四年（五七三）に開設された。これは一方では、そして全く表面の任務としては、

北齋の後主緯の文藝の顧問となると言う、極めて平凡にして春風駘蕩たる役柄に装われてはいた。しかし恐らく眞の意味は、そんな生やさしい所にたゆとうものでなかったろう。事實上文林館は山東文人たち、卽ち漢人士大夫たちが、王權を完全に自家薬籠中に納めておくために組織した、綜合的大サロンであったと考えられる。それは彼らが、意識したと否とに關わらず文林館の性格と意義であり、表面はどうあろうと、内實は確かに、そのようなものに轉化せざるを得なかったと思われる。果たせるかな、漢人士大夫たちは、この館の組織によって、「おぞましい鮮卑語を操る粗野な鮮卑系人ども、就中武勲しか取り柄のない勲貴と言われる武職集團、物欲と權勢欲の他に何物も知らぬ宮廷の雜人群らを排除する、」政治的砦としたと思われる。だから、この時文林館を中心として活躍することは、敢えて自ら、それらの集團の敵意の前に、身をさらすことを意味したであろう。それは全く危險極まる地位に立つことでもあった。しかも、怪傑祖珽は宰相として、この館の殆ど總裁とも言うべき地位に立ち、彼李德林と顏之推とは、館務の一切を取りしきる要人として、活躍することとなったのである。この人たちの運命は、もはや、凡そ予見できようと言うものである。果たして、設立の年の暮近くには、館の重要メンバーだった崔季舒ら六名は、武職集團から口實を設けて一網打盡的に逮捕され、血の肅清を受けた。顏之推も危く處刑を受けるところだったが、恐らく、かねがねの愼重な用意が役に立って、逮捕處刑と言う悲運は免れた。しかし文林館の最大の巨頭、漢人士大夫の棟梁、そして北齋一代を通じての類い稀れな多才多能、破格極まる人物として傳えられる祖珽も、同じ敵派の攻勢を免れるすべはなくて、稍おくれて宮廷雑人群の策動によって、失脚せざるを得なかった。そして、この強覇無比な鐵人も一旦失脚しては、國境南邊の一軍事都域の孤立無援な守将として、英雄的な死を迎えなければならないのである。

（『家訓』。『北齋書』本紀巻八。同文苑傳序。祖珽傳。顏之推傳。「觀我生賦」並自注）

この論文にあるように文林館は祖珽が中心になって漢人士大夫の拠点とすべく開設されたこと。図書の作成など主な実務は李徳林と顔之推が取り仕切っていたこと。さらに彼ら文林館に集う者たちは鮮卑を主体とした北族系武職集団に常に睨まれていたこと。その結果、この年、文林館の重要メンバーが処刑された「文林館事件」が勃発したこと。しかし顔之推は辛くも死地から脱出したことが分かる。これらの事実に対して順序を追って、もう少し詳しく述べてみたい。

## 文林館での祖珽、顔之推、李徳林

その前に顔之推の話だ。之推は五七三年に、ほぼ十年ぶりに史書に名前が登場してくるが、年齢は四十三歳になっていた。黄河を下って家族とともに北斉に入国したのが二十七歳ぐらいだったので、すでに十六年ぐらい経過している。時代は北斉の末期である。之推は五五七年に北斉に入ってから奉朝請という官職を得たのを皮切りに前述したように五五八年に中書舎人に任命されたが、これを回避。五六一年に趙州功曹参軍に、五七三年の文林館創設とともに待詔文林館となり、司徒録事参軍の地位を得た。文林館では李徳林らと図書の編纂に当たる一方、館中から後主に上程する文書も手がけた。さらに通直散騎常侍になった上、中書舎人へ、そして皇帝の側近という重職の黄門侍郎に昇進した。評価してくれた祖珽と後主によって短期間に引き上げられ、出世したようだ。

文林館を創設した祖珽は、創設のその前年尚書左僕射時代に彼が総監となって編集した「修文殿御覧」という類書（内容を事項によって分類・編集した書物。特に、漢籍の分類項目の称の一。「芸文類聚」「太平御覧」など。広辞苑から。筆者注）がある。森鹿三の「修文殿御覧について」によると

（前略）修文殿御覧というのは北齋の後主の武平三年（五七二）に祖珽らが編集した類書で、全部で三六〇巻あった。この書は隋書經籍志・舊唐書經籍志・唐書藝文志・宋史藝文志に著録されており、またわが藤原佐世の日本見在書目録にも著録されている。さらにこの書について忘れてならないのは、かの著名な太平御覧が編集されるときに、この修文殿御覧が藍本になったということである。そのように修文殿御覧が太平御覧の中に吸収されてしまったためであろうか、十二世紀、南宋ごろから修文殿御覧の存在は消えてしまったようである。（後略）

（「東方学報」第三六冊　１９６４）

とある。

　ここにあるように修文殿御覧は全部で三六〇巻あったという。祖珽が総監し、祖珽らが編集した大部の類書である。祖珽の下である程度の時間をかけて複数の人間が協力して編纂したはずである。そこに顔之推と李徳林が関わっていないと考える方が無理かもしれない。

## 文林館事件とは何だったのか

　さて文林館事件に目を移そう。五七三年十月に祖珽は鮮卑系武人の韓長鸞によって失脚させられ、死に追いやられた。韓は祖珽や崔季舒らの「漢児文官」グループを憎悪しており、その背後には陸令萱母子がいた。そのすぐ後、祖珽という文林館の庇護者を失った館員たちに悲劇が待っていた。「北斉書」文苑伝によると「崔季舒等將諫也、之推取急還宅、故不連署。及召集諫人、之推亦被喚入、勘無其名、方得免禍。」とある。何となくこの時の情景が浮かび上がるような気分がしてこないだろうか。当時陳の軍勢が淮水に出動し、後主は首都鄴から第二の首都ともいえる晋陽に避難するように上層部が動いた。それは住民の不安を煽るのみで妥当な策ではないと館員の崔季舒らが諫止するための上奏文を上呈したことが罪に問われた。この北斉書では崔季舒などが諫止の署名をする直前に顔之推は急遽自宅に帰った。後に諫止した者が呼び集められたが、之推は連署しておらず、罪は免れたのである。一方連署した六人は即座に処刑された。

これは明らかに之推が危地を脱するために行った方便だったのだろう。この行動については仲間への裏切りという批判もある。だが「顔氏家訓」の「省事第十二」（第十二章専心論一六四段「熱腹と冷腸の説」）には次のように読み下し文で書いてある。

王子晋《しん》の云《いわ》く、「饔《りょうり》を佐《たす》くる者は嘗《あじみる》を得、闘《けんか》を佐くる者は傷《きず》を得」と。これ善を為す者には預《かか》われども、悪を為す者よりは去り、人の非義の事を為すに党《くみ》することを欲せざるをいうなり。凡そ物《よのなか》を損ずることには皆与《あずか》ることなかれ。（後略）

（顔氏家訓2　二一〇頁）

と。

王子晋とは周の霊王の太子で、彼が言うには「料理をしている人の手助けをする人は味見をするという余得が得られる。一方喧嘩の助勢をする人は怪我をしてしまう」と。だから善行を行う人には関わってよろしいが、悪行をする人には近づかない方がいい。つまり義に反することに徒党を組むことは避けるべきだ。おおよそ世の中に害を与えることには関わらないことだと言っている。ただしここで顔之推が王子晋の言葉を例にとって善行と悪行を区別した時に、君主である皇帝に臣として諫止することが悪行になるのかというのが問題だ。

同じ「省事第十二」（一六〇段「職分を越えないこと」）に之推は言及している。その部分を紹介してみよう。

君主に御意見する役柄の人々とは、そうすることで「君主の過失を正しきに立ちもどらせる立場の人々」だけをいうのである。御意見するためには、必ずそれを言うだけの権限のある地位にいて、その地位にいる限りは君主の行為を正し、これを助けるための発言の義務を尽くすべきである。この場合は決して、よい加減な態度で事なかれとばかり、何も見えない聞こえない風を装っていることは許されない。しかしその場合でも、「就養《つかえかた》には方（原則）あり」で、いわゆる「思うこと其の位を出でず」、必ず職分の範囲内に止まるべきである。自分の職分でもないことに、むやみに発言を求めるのは、それはもう越権の罪人というべきものであろう。（後略）

（顔氏家訓2　一五頁）

ここに顔之推の職分についての認識がほぼすべて書かれている。この文章の後にも「礼記」と「論語」を引き合いに出して職分とへつらい、利、信用について説いている。之推は黄門侍郎という地位にあって、しかも後主とも強い信頼関係があるので諌止をすることはできるはず。それを回避したのは諌止の内容が職分を逸脱していると判断したのだろうか。だが諌止した中心人物は何者なのか。文林館事件の指導者たる崔季舒といえば、東魏以来国家創業の高歓や高澄にも重んじられた、いわば別格の重臣であったのだ。いずれにせよ文林館は大きな代償を払わせられたことになる。

北斉末つまり武成帝と後主の時代。五六一年から北周による攻撃の五七七年までの時代について顔之推が「顔氏家訓」の「省事第十二」一六三段「斉朝時代の末期」に触れているので、読んでみたい。

斉朝（五五〇～七七）の末つかた、世には財貨を王室の姻戚すじに贈って利権をたのみこみ、宮中に勢力ある女性を動かして暗躍することが盛んに行なわれた。首尾よく地方郡県の長官や知事にありついた連中は、身につけた印綬《じゅ》（階級章）の光も花やかに馬車に納まり騎馬の供廻りを引きつれて、そのきらびやかさは人目を驚かせ余栄は一族の果てばてにまでも及んで、急に貴族の仲間入りをしたかの恰好《かっこう》であった。大臣たち責任ある人々は、その弊害に気付いて監察もし警戒もするのだったが、もともと利によって得た地位だから、勿論のこと利によって処置されざるを得ない。こうして取締役が不潔な風習で少しでも汚染され出すと、もう粛正などは空念仏《から》に帰してしまうわけだ。そして彼らが陥《お》ちこむ悪者のしかけた落とし穴は、層一層と深いものになり、受けた深傷《ふかで》のあとは癒《い》え切らないものとなる。その行きつく先は、よしんば死刑を免れたにしたって、一家の破滅は脱《のが》れる術《すべ》もないことであった。こんな状態になってから後悔のほぞをかんだところで、もう処置のしようもなかろうではないか。

私は南方から北方の世間にわたって生活を送ってきたが、いまだ一度として一身上の処遇問題を話題にしたことはなかった。だから、いわゆる出世ということはできなかったけれども、お蔭で尤（とがめ）を受けるようなこともなかったわけである。

（顔氏家訓2　一八、一九頁）

## 北周の動向

北斉末の政治情勢は結局のところ、北族系軍閥と漢人士大夫、そして恩倖の三つ巴の闘争によって進退きわまったといえる。北斉の西隣の北周はどうか。五五六年に事実上の最高権力者で大家宰の宇文泰が死亡。翌年泰の兄の子の宇文護が名目だけの帝を退位させて、泰の息子の宇文覚を即位させ、北周を建てたことは前述した。さらに同年この護と覚が対立すると、覚を退位させて弟の宇文毓《いく》を即位させた。しかし五六〇年にこれを殺してさらにその弟の宇文邕《よう》を立てた。宇文毓《いく》が明帝（五五七～五六〇年）宇文邕《よう》が武帝（五六〇～五七八年）である。この武帝が名君として評価ははなはだ高い。戦争となれば自ら先頭に立って奮闘する。従う兵士の士気は否が応でも高くなるというものだ。川勝義雄の「魏晋南北朝」（講談社学術文庫）の第十一章貴族制国家から府兵制国家へ――六世紀の華北　北周帝国の華北統一」には

（前略）南朝・陳の勢力は、宣帝の治下に、五七三年、揚子江の北から淮水の線に進出し、江淮地方を北斉の手から奪回していたが、北斉はもはやこれを押しもどす力さえもたなかった。

例の文林館事件の原因となった、後主が晋陽に移ることに反対して諫止しようと署名を求めた件の話である。文章はさらに以下のように続いていく。

五七六年、北周の武帝は、そのような北斉の衰弱を見とどけたうえで、北斉に対する進撃を命令した。よく統制された北周の府兵軍団は、北斉の軍事的な要地である晋陽をめざした。北斉の後主は寵妃をともなって、遊猟がてらに、迎え討つ北斉軍の督戦にでかけた。晋陽の北斉軍は善戦したが、そのような統率者のもとでは、しょせん府兵軍団の進撃をくいとめることはできなかった。

北斉の後主は、総崩れとなった軍を放り出して、まっさきに首都の鄴《ぎょう》に逃げかえったが、もはや何の対策を講ずる能力ももってはいない。五七七年正月元日、わずか八歳の皇太子に帝位を譲り、追撃してくる北周の軍を避けて、正月三日に鄴から山東省方面に脱出した。あわよくば、黄河の南で兵を募って一旗あげ、どうしてもうまくゆかねば、南朝の陳国に亡命しては、という顔之推らの進言に従ったのである。

帝位を譲られた幼い皇太子も、またその六日後に都を脱出して、父のあとを追った。北周の武帝は正月二十日に鄴に入城し、青州（山東省青州市）に逃げた後主や幼帝に対する追及をやめなかった。各地の北斉軍はもはやバラバラになって、北周に投降するものが続出する。わずか数十人の供まわりをつれただけの後主らは、陳国へ亡命しようとしたが、今までもっとも信頼してきた恩倖の中には、

北周とひそかに内通して、一身の安全だけを願うものもあった。（後略）

結局、北周に内通していた恩倖によって後主らは北周軍に捕えられた。ただし文中では後主が顔之推らの進言によって山東省へ行き、場合によっては陳に亡命するという策に従ったとあるが、北斉書によると、ややニュアンスが異なる。丞相の阿那肱《あなこう》は陳の人間は信用できないからと之推の策は拒否され、黄門侍郎であった之推は平原太守として河津で殿軍になり、黄河流域で周軍相手に戦闘したとある。結果はもちろん北斉の敗北であることは間違いない。

顔之推が北周相手に奮戦した事実にはかつて西魏に連行され、江陵の官民とも悲惨な体験をしたことが動機ではないかと考える研究者もある。ところで之推のほかはどうだったのだろうか。先に祖珽の件で紹介した谷川道雄の「北斉政治史と漢人貴族」の北周による北斉攻撃の部分を読むと

（前略）北斉が勲貴・諸将・諸王たちをあるいは誅殺し、あるいは疎外し、そうした趨向に加担した漢人貴族さえも同じ運命に陥って、暗君と恩倖との腐敗した政権に転落しつつあったとき、北周では武帝のもとで伐斉の準備が着々ととのえられていた。575年いちど中止にいたった東征は、その翌年再挙された。歳末晋陽を陥れ、翌年春、鄴を占領した。後主は全く戦わず幼児恒に禅位して東走したが、やがて父子ともに周軍に捕われた。この間、北斉は全体としてまったく無気力であったか。清

河王勱《ばい》は、「いま敵に寝返っているのは大部分貴人であり、卒伍（兵卒の隊伍。広辞苑から。筆者注）にいたってはまだ離叛の心を生じていない」といっている。潘子晃は突騎数万を率いて鄴の危機を救おうとしたし、唐邕《とうよう》は晋陽において安徳王延宗を推戴して抗戦しようとした。北斉末つねに「朝危政乱」をなげいていた領軍将軍鮮于世栄は、最後まで戦って敗死した。清河王勱もそうであるが、尉相願もまた、恩倖高阿那肱を殺し後主を廃して広寧王孝珩を立てようとしたが、失敗した。広寧王じしん、抗戦の主張者であった。力つきて周に降った人びとのなかにも、北斉への忠誠が成らなかった悲憤につつまれて行動した例を数多くみるのである。抵抗を最後まで持続した人びとに、范陽王紹義・高保寧・盧昌期らがある。この一団は紹義を天子に戴き、突厥の援をもとめて苦闘したが、大勢はいかんともすることができなかった。（後略）

北斉を最後まで守ろうと苦闘してきた人々が少なからず存在していたことが分かる。中でも晋陽で安徳王を推戴して戦った人々のうち、女や子供さえも北周軍に投石をして抵抗したという記録が残っている。対北周へのレジスタンスは確実にあった。ともあれ五七七年北斉は滅び、北周に併呑されたのである。顔之推にとって梁の建康城の滅亡、同じく江陵城の陥落と西魏への連行に続いて、三回目の敗戦と亡国である。何度も出てきた「観我生賦」の言葉「予一生而三化、備荼苦而蓼辛。」である。興亡常ならぬ時代であると覚悟はしていても、さすがにまたかという思いは人間であれば、だれしもが抱くところであろう。

# 四章　北周へ、さらに隋へ

**子當以養為心、父當以學為教。**
**（子が父を養わなければならぬと思うのは、子として当然の心構えである。だが、父が子の学問教育を怠ってならぬと思うのは、これまた父として当然のことである。）**

**「顔氏家訓」勉学第八**

五七七年、顔之推の北周行きは前回の江陵陥落後の西魏への連行の時に比べると、大変に寛大なものであったらしい。この四章の冒頭に掲げた「勉学第八」（第八章学問論一〇八段「長子思魯《しろ》に示す学問論」）の注一で

（前略）移住のことは『北斉書』陽休之伝に見え、顔之推はじめ十八人が周武帝に従って長安に赴いたという。この旅行は途上で詩の競作をしたりする、割に気楽なものだった。（『隋書』盧思道伝）家財も自由に携行できたらしい。（同陸爽伝）（後略）

（顔氏家訓1　一七三頁）

という具合だ。寛大というよりも厚遇というべきかもしれない。さて之推がいう関中こと長安に着いてからの生活はあまり余裕がなかったようだ。その部分が「勉学第八」の学問論に出てくる。之推の長男の思魯が訴え、これに之推が答えるという形になっている。本章の冒頭に漢文で表記している部分を含んでいるので周法高の「顔氏家訓彙注」の原文を掲載してみよう。

鄴平之後、見徙入關。思魯嘗謂吾曰……『朝無祿位、家無積財、當肆筋力、以申供養。毎被課篤、勤勞經史。未知爲子可得安乎?』吾命之曰……『子當以養爲心、父當以學爲敎。使汝棄學徇財、豐吾衣食、食之安得甘?衣之安得暖?若務先王之道、紹家世之業、藜羹縕褐、我自欲之。』

現代語訳では次の通り。

鄴《ぎょう》が平定されて後、我らは皆関中に移住せしめられることになった。その時分のこと、思魯（之推の長男）がある時私に言ったことである。

官場には官位も俸給も得る途《みち》がなく、家にはまとまった財産もありません。こうなっては、筋肉の力にまかせて父上をお養いするのが、当然となって参りました。私はいつも父上から課業を見ていただき、[幸いにも] 経書や史書の勉強だけに骨を折っていますが、果たしてこのまま、子たる者が平気でいてよいものかどうか。私は誠に疑問なきを得ない次第です。

私は思魯に対して、父としてはっきりと説明しておいた。

子が父を養わねばならぬと思うのは、子として当然の心構えである。だが、父が子の学問教育を怠ってならぬと思うのは、これまた父として当然のことである。お前に学問を棄《す》てて財産に専念させ、私が豊かな衣食をさせてもらったとして、私が安んじてそれを旨《うま》いと思いながら、食べていられるだろうか。安んじてそれを暖かいと思いながら、着ていられるだろうか。私はお前が古聖王の開かれた道を自分の進むべき道とし、それに関する我が家代々の学問を継承することに努力してくれるなら、たとえ食わせてくれる物は粗末でも、着せてくれる着物は賤しい物でも、私は寧《むし》ろ喜んでそれを食べさせてもらおうし、着せてもらおうと思っているのだ。

（顔氏家訓1　一七二、一七三頁）

どうだろう。この父と子の会話は現代人の心にも響くものではないだろうか。ちなみにこの時の思魯は二十歳で之推は四十七歳と推定される。この父と子の会話は北周に来てからそう経過していないころらしいので、経済的な貧窮ぶりはかなりのものだったようだ。そもそも之推は北周に対して徹底的に抵抗し、抗戦しているので、官職にもつけずにいたことは間違いないようだ。彼自身もそれは覚悟の上であったのかもしれない。

## 武帝の崩御と暗君の宣帝

ところで北斉を倒し、併呑した北周の政情はどうだろうか。五七七年に武帝は北斉を我が物にした後、翌五七八年に南朝の陳軍にも攻撃を加えた一方、北方の突厥に対して自から軍の先頭に立ち親征の途についた。旧北斉の一部の勢力が突厥の援助を求めたことは前述したが、彼らの残党が突厥に入って再び策動していたためだ。だが武帝は親征の途上で病を得て、長安に引き返した。これから突厥は無論のこと陳も滅ぼして四世紀の初めの西晋の崩壊以来二百六十年以上続いた分裂時代を終わらせ、中華全土の統一を夢見たであろう武帝は、崩御した。三十六歳であった。

この武帝の後を襲って皇帝として即位したのが第四代に当たる贇《おん》で、宣帝（五七八〜五七九 在位）となる。しかし名君は続かないものだ。この宣帝は、どうみても暗君であり、暴君でもあった。北斉の併合の後、新支配地をさまざまな施策で運営すべきところを、経験豊富な重臣たちに相談もしないで、命令を発してはすぐに変えてしまうという対応。自分の意に染まない功臣を殺害してしまう。酒色にふける。これだけでも皇帝として信頼できない。しかもこの人物は即位の翌年には太子の宇文衍《うぶんえん》に譲位して、皇帝から降りて天元皇帝と称して院政を敷こうとしたらしい。なぜなら太子は七歳だったから。まったく無責任な話ではある。しかしこのような〝元皇帝〟に従う群臣はおらず、五八〇年に孤立したまま死亡。享年二十二歳。宇文衍は北周最後の皇帝静帝として五七九年から五八一年まで在位した。

五七八年に北周の武帝が病死し宣帝が即位して乱脈な政治が始まり、その翌年に幼い静帝が立つものの、この時点で皇帝には求心力はなかった。したがって次の権力を握ろうとする者が権力闘争を展開しても不思議ではない。楊堅と尉遅迥《うつちけい》がそれだ。二人とも柱国大将軍であった。以前に西魏の府兵制度について触れたが、北周でもほぼ踏襲していて全部で二十四軍あって開府という司令官が一軍を持ち、その上の大将軍が開府二人の計二軍を持ち、さらにその上の柱国が大将軍二人の計四軍を統括することになる。柱国は六人いて、それぞれが四軍を指揮するから全体で二十四軍になる計算だ。しかし楊堅の場合、皇后の父という立場であり、その父の楊忠も柱国であったという軍事面でのエリートの出身である。しかも楊堅は五八〇年に周囲に推されて執政になると尉遅迥より立場は上になった。形勢の挽回を図った尉遅迥は楊堅に北周簒奪のたくらみがあるとして軍事行動を起こしたが、対決を制したのは楊堅であった。同年に実権を掌握して隋王となり、翌五八一年に九歳の少年皇帝静帝を廃して自ら隋朝を開き、文帝と称したのである。文帝は西魏の宇文泰を祖として北周の皇帝であり続けた宇文氏の一族をすべて殺して後顧の憂えをはらった。続いて五八七年、後梁を滅ぼした。後梁とは西魏の傀儡国で江陵を陥落させた後、元帝の甥である蕭詧をその主としたことは以前に書いた。五五五年に成立しているから三十年以上の命脈を保っていたことになる。文帝はさらに五八九年に南朝の陳を平定して三百年近くにわたる分裂の時代に終止符をうち、中国全土を統一したのである。

## 隋朝での顔之推

話は再び顔之推に戻る。之推は五八〇年つまり北周の末、御史上士という官職に就いたと「顔之推本伝」にある。しかし宇都宮清吉の「中國古代中世史研究」（創文社刊）の第四部「關中生活を送る顔之推」によれば、例の之推と思魯の問答が出て来る後の箇所で

（前略）もっとも本傳によれば北周の大象末（五八〇）に御史上士に任ぜられた旨が記るされているが、周隋鼎革の進行しつつある混亂の際のことである。その任官の確實性などは保證の限りではない。それかあらぬか、『隋書』の傳えるところでは、開皇二年（五八二）になってもなお、彼の肩書は齊黄門侍郎である。（『隋書』音樂志中、巻十四）。恐らく彼は入關當初の數年間は、殆んど官職らしい官職についてなかったと思われる。だから當時彼の一家には、衣食にも窮した情況が存在したとしても不思議ではない。（後略）

とある。

顏之推にとっては、もともと望んで入国してきた土地ではない。しかも北周は五年足らずで滅んでしまい、隋になったのである。之推が仕えた王朝の梁、北斉、北周の三国はいずれも滅亡し、今回の隋で実に四つ目になる。黄門侍郎といえば北斉の文林館時代のこと、すでに過ぎ去ってしまった時代だ。北斉に黄河を下って入国したのが二十代の後半。その北斉の滅亡が四十代の後半である。ほぼ二十年、人生の青・壮年時代を北斉で過ごしてきたことになる。

前の「宇都宮論文」によって顏之推を北斉の黄門侍郎と表記している部分を読んでみると（前略）『隋書』音樂志中（巻十四）によると、

開皇二年（五八二）齊黄門侍郎顏之推上言、「禮崩樂壞、其來自久。今太常雅樂並用胡聲。請馮梁國舊事、考尋古典」。高祖不從曰、「梁樂亡國之音、奈何遣我用邪？」なる一文が見える。當時猶依然として北齊の官職名で呼ばれている顏之推である。勿論平民の扱いではないにしても、新興隋朝で彼がどのように見られていたか想像に難くないだろう。だから、その上奏も彼としては、相當に思い切ったものであったろうが、隋の文帝からは全くにべもなく、退けられてしまった恰好なのである。（後略）

というわけだ。顏之推が文帝に対して「礼楽が崩壊して久しいです。朝廷では異民族の音楽を使っておりますが、梁代で行っていた古典音楽を取り入れたらいかがですか？」と上奏したところ文帝は受け入れず

「梁の音楽は亡国の音楽である。何でそのようなものを使う必要があるのか」と拒否したということだ。まさにとりつく島がないという返事が返ってきたのだ。ただし文帝こと楊堅は出自が鮮卑系か、あるいは匈奴系かもしれないといわれているので、梁代の漢民族の古典的、正統的な音楽に対して、自らの音楽を異民族の音楽と言われたことに腹を立てたのかもしれない。用心深い之推にしては、やや軽率な発言と言えないだろうか。いずれにしてもこの件はこれで終わり。

隋の中国全土の統一が成されたのが五八九年で、おそらくこの年か翌五九〇年に「顔氏家訓」に書かれたであろうという文章が「風操第六」（第六章みだしなみ論五〇段「ユーモア」）にあるので、少し長くなるが掲げてみる。顔之推が隋朝の会議に出席している時の話だ。

つい先ごろ、私は議曹（審議局）で諸氏と共に、官吏の処遇給与の問題について処理したことがある。そこに一人のお偉方がいて、今を時めく羽ぶりのよい人だった。議題にかかっている当の件については、処遇が厚きに過ぎるという御意向で、お気に召さない様子だった。その時丁度旧斉朝時代（五五〇〜七七）の士族（身分ある家柄の人）で、文学にも通じた方々が一、二同席していられた。中の一人がこのお偉方に向かって、
「全中国が統一いたしました今日、永久的な法典と制度を編成確立いたすことは、目下の急務でござ

いましょう。ですから、依然として旧関中系政権の思想を固執しているわけには参りますまい。［にも関わらず貴殿がこの件について、処遇が厚きに過ぎると御不満な御様子に拝せられまするは、］必定貴殿が陶朱公の御長男でいらせられる所為《せい》でございますよ！」とぶった。これを聞いた満座の誰彼、何れもふき出し、悪感情も起こらないで済んだことだった。（顔氏家訓1　六三、六四頁）

文中の「陶朱公の長男」については注三で

（前略）陶朱公は戦国時代（前五世紀〜前三世紀半）の成金で、その長男は父朱公が蓄財に払った苦心を身にしみて知った。だから容易なことでは財産が減るようなことに御輿《みこし》を上げなかった。（中略）旧北斉朝出身の教養ある官僚の一人は、当意即妙にこの話を持ち出して、旧北周系乃至その系統を引く隋朝官僚閥の心底にかくされた関中至上主義をからかったもの。新興関中官僚閥の代表面《づら》をしていたお偉方にとっては、怒るに怒れない、そのものずばりの指摘だったことだろう。人々がふき出したわけである。（同　六四頁）

というユーモラスなエピソードが飛び出した一幕を紹介している。

## 盟友李徳林という存在

さてこのように北周に入り、さらに隋になって全土を統一した国家に所属している顔之推であるが、北斉、北周、そして隋と王朝が変わっても、ただ一人、盟友といっても良い友人がいる。李徳林だ。前に紹介した、榎本あゆちの「北齊の中書舎人について」によると北斉の中書舎人になった人物が番号順に並んでいて李徳林は十三番、顔之推は十四番となっている。つまり李徳林の次に顔之推が中書舎人になっているのが分かる。その部分で改めて二人のプロフィールを紹介してみよう。

(前略) ⑬李徳林　博陵安平の人。幼い頃から學才・文才に秀で、天保八年定州刺史任城王湝によって秀才に擧げられたが、與えられた官が「西省の散員」たる殿中將軍であった爲就官せず歸郷した。孝昭期に鄴の長廣王の下で高元海と共に機密を參掌する。王が即位すると奉朝請となり、舍人省に直した。天統中に給事中となり中書省に直し詔誥を掌る。舍人に遷り中書侍郎②宋士素と侍中趙彦深の副官として機密を典る。武平三年祖珽は侍中となり趙彦深を中央政界から追放したが、德林の才能を高く評價し中書侍郎として草制を掌らせた。文林館が創設されると顔之推と共に館事を主宰した。

(「隋書」四二)

後期の舎人は以下の人々である。

⑭顔之推　天保九年に舎人就官を回避した後、河清末年に趙州功曹參軍、武平三年の文林館創設とともに待詔文林館となり司徒錄事參軍の位を得ている。之推の才を高く評價していた祖珽は彼に李德林とともに館事を掌知せしめ、館中から後主に上呈する文書を一手に引き受けた。通直散騎常侍に遷り俄に中書舍人を領した。後主の恩寵篤く、動要者の憎惡の的となった。（「北齊書」四五　文苑伝）

どうだろう。この二人はほぼ同時代に北斉で活躍し、同じように祖珽から学才を認められ、文林館で館事になって共に責任のある仕事を任せられている。その後も盟友の関係が続いていた。さらに後述することになるが、唐代で李徳林の息子の李百薬が「北斉書」文苑伝を編纂している。だが実際には徳林がすでに書いていた斉書をそのまま引用、踏襲している可能性が高いらしい。つまり徳林が事実上「北斉書」文苑伝内に顔之推伝を書き入れ、さらに之推自身が書いた「観我生賦」を引用したことは事実のようだ。そのような関係なので、この二人は単なる友人以上の絆でつながっていることが分かる。

そこで話は戻って北斉の最末期、北周が北斉の首都鄴に攻め込んできた時に顔之推は抵抗したことは書いた。しかし、李徳林はどうだったのか。改めて調べてみよう。宇都宮清吉の「中國古代中世史研究」の

「第十二章　顔之推研究第二部北齊書文苑傳内顔之推傳」によると、

（前略）しかるに承光元年（五七七年）北齊軍は周軍の充分に計畫された戰略に撃破されて、敗退をかさね、遂に周軍のために完全に覆滅される。李德林は鄴中にあって周軍の到來を迎えたが、周武帝の厚遇を受けて、直ちに周の內史上士、卽ち依然として中書系統の官職に任ぜられた。この變り身の迅速さは、實に彼の身上であったようで、周軍の急追にも關わらず、彼は平然として鄴中に腰をすえ、やがて周武帝の優待を受けるべき、素地を養っていたのだと見られる。それと言うのも、やはり彼が永年政界において機密文書にふれ、內外の勢力關係の變轉に精通していたためと思われる。德林を協力者として獲得した周武帝は、以後德林を關中政權下における詔誥格式の管掌者としたのみでなく、實に關中政權にとって今や新しい問題となった、舊山東系官僚群卽ち舊北齊系士大夫の處遇に關與する、中心人物として重用したのだ。（中略）やがて五八一年には早くも、北周自身が隋朝にその政權を引き渡さなくてはならない事態となる。（中略）隋文帝楊堅の受禅に關する、切の公式的文書の整備の衝に當たったのは、實に李德林であった。（後略）

この文帝即位の五八一年には李德林は內史令という重職に昇格し、その後の約十年はこの職にあり続けたのである。

また渡部武の「『北斉書』顔之推伝の「観我生賦」について」によると、李徳林と顔之推について

（前略）早ければ二人は二十代の後半に鄴において互いに面識を持つようになったはずである。二人はその教養においても親交を結ぶのにふさわしい内実を備えており、ことに李徳林は詔勅や檄文作成に卓越した文才を示し、南朝の貴族より「河朔の英霊」と称賛された。北周の武帝が北斉を征服し鄴に入城した際、「平斉の利は、唯だ爾《なんじ》に在るのみ」（『隋書』巻四二李徳林伝）と狂喜したのはあまりにも有名な話である。また隋の文帝が北周の政権を簒奪する際に、受禅の九錫文を起草したのも李徳林であったことを忘れてはなるまい。（後略）

（早稲田大学文学部　東洋史研究室「中国正史の基礎的研究」早稲田大学出版部）

とある。

そもそも隋の楊堅の即位の際に功臣が二人いた。軍事面では高熲《こうけい》であり、内政面では他ならぬ李徳林であった。高熲は楊堅と対立した尉遅迥を倒し、李徳林は丞相府《じょうしょうふ》という幕府を創設して楊堅の即位を支援した。文帝としても李徳林を厚遇するのは当然であろう。このように李徳林は北斉、北周、そして隋とそれぞれ重職を担ってきたが、顔之推は北斉の黄門侍郎を最高職として、北周でも、さらに隋でも、ほとんど目立った活動はしていない。徳林が陽ならば之推は陰という趣きである。何らかの交流は続いていたと思

われるが、よく分からない。

## 顔之推の死へのメッセージ

「顔氏家訓」の「終制第二十」（第二十章遺言二五二段）には六十歳を過ぎ、いよいよ最晩年を迎えた顔之推が書いた文字通りの死へのメッセージが残されている。かなり長くなってしまうが、重要な部分だと思うので引用させてもらう。まず(Ⅰ)「死について」。

死とは人間が常に負うべき命運《さだめ》であり、免れがたいものである。私は十九歳にして、かの梁《りょう》（五〇二～五六まで存在）の王朝［を壊滅させるような大打撃となった例］の騒乱にぶつかったのである。でもあの当時は文字どおり抜き身と列を組んで歩いたことも、二度や三度には止まらぬ有様だった。でもお蔭《かげ》でどうにか生きながらえて、今日まで暮らしてこられた次第である。昔の人の言い草だが、「五十まで生きれば、人間若死にとは言えない」そうだ。私も六十歳はもう過ぎてしまった。だから心境は落ちついたもので、もう少し長生きして何かしたいなどとは考えてもいない。そのうえ近頃中風の兆候が始まり、この分では何時たおれるかも知れないという気がかりも忘れがたくなってきた。［そうならぬ前に、］私が平素考えていることを少しばかり書き残して、お前たちの心得にしておきたいと思う次第である。

（顔氏家訓2　一九六頁）

まずは子供たちに対して遺言を書く理由を掲げている。続いて(Ⅱ)「先代のお墓について」。

私の先代（故父上）と先代夫人（故母上）は共に、いまだに建鄴《けんぎょう》（建康）の代々の墓地へはお帰りになっていないで、江陵の東側の城壁近くのところに仮の眠りに就いていらっしゃる。勿論承聖年間（五五二～五四）の末に、揚都（建康）に還《かえ》って墓地を作り、御霊柩《きゅう》を移転せしめたい旨を朝廷に申し出たこともあった。その時は詔《みことば》にそえて銀百両を下しおかれたので、揚州（建康）近郊の北寄りの地で墓地用の磚《れんが》を焼き上げたばかりであったが、運の悪いことに時あたかも、梁朝転覆という御大変に出遭い、それ以来というもの、知ってのとおりの流浪の生活が今日まで続いて数十年。もう故郷へ帰る望みも絶えはてていたのである。もっとも今は南北が統一の御時世になりはしたが、我が家の財力は極度に窮迫しているから、お墓を造営して差し上げる費用など、何処《どこ》を押したって出てきようもない。そのうえ揚都は踏みにじられて壊滅し、今では見る影さえ残ってはいない。そこへお帰りいただいても、かえって［南方特有の］湿気を被《こうむ》られることにでもなれば、お遷《うつ》し申し上げることが必ずしも良策だとは思えない。とつおいつ、我が不甲斐なさに身も心も千々にくだけるばかりな次第である。

（同　一九七、一九八頁）

顔之推が書いている「私の先代」というのは、もちろん父の顔協のことだ。顔協の父であり之推の祖父の顔見遠までの墳墓は皆が建康の白下の地にあり、両親だけが江陵に仮に葬られていると言っている。建康近郊で磚を焼いていたら江陵が西魏に攻められたという急報を聞いて、江陵に急遽戻ったという件は以前にも書いた。まったく顔之推にとっては間の悪い話である。その後、之推は西魏に連行されて長安へ、さらに脱出して北斉へと行くわけで、建康に戻る手立ては皆無であった。北斉が北周に平定され、その北周が隋となって全土を統一した今現在の建康はすでに古き良き時代の建康ではないのである。之推にとっては、せっかく両親の墓地を造営すべく下賜された銀貨を使って用意していた最中であった。痛恨の極みだ。まさに「我が不甲斐なさに身も心も千々にくだけるばかり」なのである。

次に(Ⅲ)「我が家の置かれている立場」について言及している。

つらつら思うに、我々兄弟は本来ならば官職などには就任すべきでない立場に置かれているのだ。しかし何分にも、我が一族は衰え兄弟の数は至って少なく、他に血縁の近い者とては傍に一人さえ存在していない状況である。そのうえ知らぬ他郷を流離転々してきた身には、御先祖の官位の御蔭《かげ》を被る法制上の資格もあるわけではない。もし、「私が何の官職にも就かずにいて、」お前たちを下司《げす》の階層に陥《お》ち込ませれば、御先祖の栄誉も傷つけることになってしまう。そこを考えるからこそ、恥を忍んで人並みに世間にも顔を出し、とことんまでは没落してしまわないように努力も払ってきたわけである。それにもう一つ、北方（隋朝を指す）では朝廷の御政道が厳格周密《ママ》で、隠退などという態度に全然お目こぼしをいただけない点もあったのである。

（顔氏家訓2　一九八、一九九頁）

冒頭に「我々兄弟は本来ならば官職などに就任すべきでない立場」というのは祖父の顔見遠が武帝梁朝即位の際に〝抗議の餓死〟をして武帝の不興を買い、その後の顔氏の前途に少なからぬ影響があったことを指しているようだ。また之推の子供たちを下層階級に落とさせないように頑張ってきたと自負している。つまり低い官職を与えられても甘受したし、本来ならば出たくもない交際の場にも気を配って対応したと述べている。

続いて(IV)「埋葬の方式について」書いている。

こんな体《てい》たらくの私が今さら年老いて病気が重くなり、ひょっとしてにわかに……ということになったとしても、お前たちにだけは完全な葬儀を営んでほしいと要求することができるものではない。だから「私が死んでも、」一日限り手をあけて湯灌《ゆかん》させるだけにし、たま呼びの儀式は行なうにおよばず、納棺にも日頃身につけたものを着せればよい。

先代夫人（故母上）が我々兄弟を見すてて永《なが》の旅に立たれた時は、あいにく世間は飢饉《きん》に苦しみ、我が家計は窮迫して兄弟もまだ幼かったので、柩《ひつぎ》も副葬品もお粗末な間に合わせ物だったし、お墓の中には磚《れんが》も敷いては上げられなかった。だから私の場合も勿論のこと、棺は松材の二寸板（約四・五センチ）、副葬品も着物と頭巾《ずきん》の他は一切納めることをしてはいけない。遺骸が寝かしてある側《そば》には、唯七星板だけをそえておいて欲しい。蠟弩牙《ろうどが》・玉豚・錫人などといった類は一切副葬することを省略。食物を入れる食器などの明器類も、言うに及ばず副葬してはならない。墓道に立てる碑や墓中に埋める墓誌銘の製作、さては葬儀用の旗、吹き流しの類を調達してはならないことは、ますますここに断わるまでもなかろう。柩は鼈甲車《べっこう》（霊柩車）に載《の》せて運び、地肌のままの墓穴に直接降ろして埋め、地上には塚を作らない。もし墓参や墓掃除の時、墓域が判らなくて困るというなら、埋葬した場所の周辺に低い垣根をめぐらして自分らだけの目印にすればよい。墓前には供物台の類は備えつけないで欲しい。朔《ついたち》・望《つきなか》・祥《しょう》（服喪中の年次祭）・禫《たん》（服喪明け一月《ひと》おいて次の月の命日）などの日の供物には、白かゆ・お水・乾《ほし》なつめだけを供え、酒肉や餅果の類を供えてはいけない。親友が墓参に来られても、餟酎《きよめざけ》を注いでいただくことはお断わり申し上げよ。お前たちがもし、私の方針にそむいて先妣《なきみはは》以上のことを私に対して行なってくれると、それはそのまま私を不孝の罪に陥らせることになるのだよ！お前たちもそれでは困るだろう？

（顔氏家訓2　一九九、二〇〇頁）

このような迫力のある「遺言状」を父親から見せられれば、どうだろう。父の指示通りに行うしかあるまい。それにしても葬儀から埋葬、さらに墓参に来た人への対応までの指示が実に細かい。一言で言えば、「仰々しく飾り立てるな、質素・簡素であれ」ということに尽きると思う。特に亡き母の葬儀が貧弱であったのを思うと、絶対に子として母より上等であってはならぬという気分は異様なほど伝わってくる。

吉川忠夫の「薄葬の思想」によると、

最近、中国人の遺書・遺言の類をいくらか丹念に読んでいる。中国人の遺書・遺言といっても、それらを一つにまとめた便利な書物があるわけではない。正史の列伝のなかに引かれているものなどを拾い集めて読んでいるのだが、当面の対象は、とりあえず漢代から六朝時代までのもの、すなわち前二世紀から後六世紀までの時代のものにかぎられる。

それらの内容は、ごく大雑把に次のように分類することができるであろうか。(一) 財産の処理について述べるもの。今日のわれわれが遺書・遺言と聞けばすぐさま思い浮かべるであろうそのような内容のものは、やはりすでに存在した。(二) 子孫に対して訓戒を垂れるもの。この場合、遺書・遺言はそのまま家訓・家範となる。(三) 自分の死後の喪葬の方法について指示を与えるもの。すなわち、「終制」(死の儀礼) とよびならわされる遺書・遺言であって、それらを通してわれわれは端的に中国人の死生観をうかがうこともできるのである。

これら三種の分類におさまりきらぬ内容の遺書・遺言が存在するのはもとよりのことであり、また一つの遺書・遺言のなかにこれら三種の内容が混在している場合もありはするけれども、なかでも際立って多いのは、死後の喪葬の方法を指示するところの終制とよばれる遺書・遺言であり、私の興味ももっぱらそれらに集中するのだが、それら終制に共通するのは、厚葬を批判したうえ、人それぞれの薄葬が指示されていることなのだ。たとえば、六世紀梁王朝の第三代皇帝である元帝蕭繹《しょうえき》の即位前の著作である『金楼子』、その一篇として設けられた終制篇。そこにはみずからの喪葬の儀礼を付嘱するに先だって、前漢の楊王孫《ようおうそん》、何並《かへい》、後漢の樊宏《はんこう》、張奐《ちょうかん》、盧植《ろしょく》、曹魏の郝昭《かくしょう》、裴潜《はいせん》、西晋の劉宝《りゅうほう》、摯虞《しぐ》、江統《こうとう》、皇甫謐《こうほひつ》、石苞《せきほう》たちの終制が抄出されており、終制の簡単なインデックスがわりともすべきものなのだが、これら先人たちの終制を総括して、蕭繹は「制度は同じからずと雖も、同《とも》に薄（葬）に帰するなり」と述べている。（後略）

（「思想」1993年6月号「思想の言葉」より）

「顔氏家訓」の「終制篇」とこの吉川論文を読めば、顔之推が薄葬の支持者であることは明らかであり、なお之推が敬服していた元帝には薄葬について詳述した本まで書いた事実がある。この『金楼子』という本を之推が読んでいた可能性は極めて高いと思う。また「終制篇」の内容は遺書の三類型から見ると、一の財産処理については書いていないので、二の子孫への訓戒と三の死後の喪葬方法の混合型だと分かる。

「終制篇」は次に(V)「仏事について」触れている。

（前略）私は四時の祭祀《おまつり》よりか、時々施餓鬼《せがき》をしてくれること、七月十五日の盂蘭盆《うらぼん》をしてくれることの方を希望する。

（顔氏家訓2　二〇一頁）

とある。そして最後に(VI)「君子は現実的に生きるべきだ」では、孔子の親の造墓について語った後に

（前略）このように君子は世の事情の変化に応じて道義を実践するのだから、お墓でも必ずしも守護していられない時だってあり得る。ましてや事態の切迫している場合には、事実上どうにもなるものではないだろう？私は今故郷を離れた旅の空で、身は浮く雲の如く、いずこの村こそ我が墳墓の地となるか、ついぞ見当もつかない有様だ。かまうことはないから、息が絶えたら直ぐに埋葬してしまえばよい。お前らは「わが家の児《こ》らしく、」伝来の学問を修めて顔氏の児の名声を高めることを第一義とすべきで、朽ちはてた古巣の墓などに未練を残して、もたついている間に人知れず没落してしまうような運命にとらわれてはならないのだ！

（同　二〇一頁）

この文章を最後にして筆を置いている。まことに顔之推らしく、最後の最後まで子孫たちに学問への勉励、奨励を訴えかけているのだ。「息が絶えたら直ぐに埋葬して」以降の部分は原文では「唯當氣絶便埋之

耳。汝曹宜以傳業揚名爲務、不可顧戀朽壞、以取湮沒也。」となっている。

# 五章　顔之推の先祖と末裔たち

汝家書生門戸、世無富貴。自今仕宦不可過二千石、婚姻勿貪勢家。

（お前らの家は学問で立っている。代々財産だとか高い身分だとかがあったわけではない。これからお前たち子孫は、官に勤める身となっても、地方長官級以上の地位は決して願ってはならない。結婚の相手にしても殊さらに勢力家だけを択《よ》り好みしないよう心がけなさい）

「顔氏家訓」止足第十三

「顔氏家訓」の「止足第十三」（第十三章八分目論一六六段「靖《せい》侯さまの教え」）によると

（前略）だから欲望は適度に止めて、はみ出させないよう心がける他《ほか》はない次第である。ご先祖靖《せい》侯さまが、子やおいどもを誡《いまし》めておっしゃったお言葉がある。（後略）

（顔氏家訓2　一一七頁）

このあと五章の冒頭の「お前らの家は……」に続くのである。顔之推はこの教えを生涯守り通してきたと胸を張っている。

## 顔氏の系譜、顔含から顔之推へ

「北斉書」文苑伝の冒頭に書いてあるのが「顔之推、字介、琅邪臨沂人也。」である。顔之推の字《あざな》は介で、琅邪臨沂の人だと書いている。その後に「九世祖含、従晉元東度、官至侍中右光祿西平侯。」と続く。之推から九代の祖先が顔含であり、東晋の元帝に従って東の江南に渡って来て、官位は西平縣侯から右光祿大夫に任じられたとある。顔含については序章でも触れた。この顔含が之推のいう靖侯《せいこう》さまであり、顔氏家訓の中に何カ所も出てくる。靖侯は江南顔家の始祖の諡《おくりな》であって、之推が最も敬服している「ご先祖さま」である。

その靖侯さまこと顔含について本章の冒頭に「靖侯さまの教え」を書いているが、そこに前文がある。

『礼記』に、「欲は縦《ほしいまま》にすべからず。志は満たしむべからず」と言っている。この世界はいくら広いにしたって、結局は果てまで行くこともできなくはない。しかし、心の本質と作用とは究極ということを知らない。」とあって、その後に前述したように「だから欲望は適度に止めて、はみ出させないよう心がける他《ほか》はない次第である。

（顔氏家訓2　二七頁）

と続く。さらに御先祖靖《せい》侯さまは

お前らの家は学問で立っている。代々財産だとか高い身分だとかがあったわけではない。これからお前たち子孫は、官に勤める身となっても、地方長官以上の地位は決して願ってはならない。結婚の相手にしても殊さらに勢力家だけを択《よ》り好みしないよう心がけなさい」と。私は一生この教えを守り通してきたし、実に名言だとも思っている。（同　一一七頁）

と書いている。

結婚の相手に勢力家だけを選択しないように忠告している顔含自身、当時の東晋時代に一大勢力を築いた将軍の桓温《かんおん》から通婚の申し出を受けたが、きっぱりと断っている。まさに有言実行の人だ。それればかりではない。丞相の王導から呉郡太守であった含に政策を問われた際に権力批判をしたし、大金持ちの石崇《せきすう》が贈答をしようとするも拒絶したという。権門富貴の人間に対して媚びる姿勢はなかったらしい。もう一つ、同じ「顔氏家訓」の治家第五（第五章家政論三八段「嫁取りは似たり八合のこと」）にも靖侯さまの言葉が出て来る。

息子や娘の結婚は、「似たり八合で」というのが、靖《せい》侯さまのお定めである。近頃の嫁取りを見ていると、娘を売り物にして財物と交換し、絹《おかね》の代価で嫁を買い、父祖の官位を比較し、わずかばかりの財産の差を見くらべて、少しでも有利な方へと乗り換えるという体《てい》たらくにまで立ち至っている。それは全く、商業世界の取引きと何ら異ならない。こんな風だからこそ、柄の悪い婿どのが家に出入りし、じゃじゃ馬女房が家の中を引っかき廻す、ということも起こってくるわけなのだ。みんな虚栄や財貨のみを追求する貪欲の心が、かえって世間に顔向けならぬ恥さらしを招くのだ。呉々も気をつけたがよい。」という具合だ。なかなかに辛辣だが、いつの時代、どこの国でも、あり得る話であり、古臭くならない意見のように思える。

（顔氏家訓1　四八頁）

顔含には髦《もう》と謙と約という息子がいて、顔之推と父の顔協、祖父の顔見遠などは髦の系統だ。ちなみに含を江南顔氏の祖とすると髦に続いて、綝《りん》、靖之《せいし》、騰之《とうし》、炳之《へいし》、見遠、協、之推という順番になる。顔之推が祖先の墓について語る時、含から数えて七代目の見遠までは旧梁代の建康郊外の白下に葬ってあるが、両親の墓はまだ江陵に仮葬してあるのみで子孫としては全くもって不甲斐ないことだと痛嘆している気持ちも分かるような気がする。

含の父は默といい、西晋の汝陰の太守で、なおその父親の欽が同じく西晋で給事中という官職に就いていたという。さらにその上はというと、もう遡れないらしい。ただし高橋君平の「顔之推別傳」（近代10号

神戸大学近代発行会）によると

（前略）顔魯公作の家廟碑では其先はゼンギョクの孫祝融から出たもので、融の孫安が曹姓となり、其の裔が邾《ちゅう》の武公名は夷甫字は顔、その子の友が別れて郳に封ぜられて小邾子といわれた者が遂に顔を氏とするようになり以来魯に仕えて卿大夫となつたものが多いといゝ（日知録二十三）「家訓」はたゞ顔氏はもと鄒魯の出で世々儒雅を業としており文献によつて、その略譜を辿ることができるというだけだがこれによつて、兎も角魯を本望とする所以がわかる。魯の顔氏は分れて齊に入つたものもあるが、後に南渡して建康に顔氏を開いたのは顔含である。（後略）

とのことである。

ところが顔之推は顔氏の系譜について「顔氏家訓」誡兵第十四（第十四章兵事不関与論一六九段「歴世の顔姓と兵事」）では春秋の孔子の時代から説き起こしている。

それによると

顔氏の始祖は本来鄒《すう》とか魯《ろ》とかいわれた国に住み、分派は斉《せい》の国にも居住していた。代々儒学文学の道を本務としてきたことは、どんな史書にも見えているとおりである。仲尼《ちゅうじ》さまのお弟子で学問の奥義に達した方々は七十二人あったが、中で顔氏を名乗る人々は実に八人に登っている。爾来秦・漢・魏《ぎ》・晋から斉・梁《りょう》（前三世紀末から六世紀半まで）に至る間で、用兵家として出世した者は一人だっていない。（中略）この頃は世が戦乱つづきで、衣冠の士（身分ある家柄の人）の中には、大した勇気も体力もあるわけでなく、武芸が秀れているのでもないのに、ともすれば群衆を駆り催して本来の仕事［である学問］を棄《す》て、あわよくば戦場の功名を立ててくれようと機会をねらう者もある。［これは、よく考えなければならぬことであろう。］私は元来が体力貧弱な男ではあったが、顔氏歴世の記録をふり返って［種々教訓を受けたので］、特に兵事に関与することには慎重を期したつもりである。子孫たちよ！　私の言うことを篤《とく》と記憶に留めておいて欲しいものだ。

（顔氏家訓2　三一、三二頁）

この文章の中に「顔氏を名乗る人々は実に八人に登っている。」とあるが、この文章の注一で八人の名前が列挙してある。顔回を筆頭に顔無繇《むよう》、顔幸、顔高、顔祖、顔之僕、顔噲《かい》、顔何の八人を挙げている。愛する顔回の死を知って孔子は「天、我を滅ぼすか」と痛哭したのである。顔回、字は子淵、顔淵ともいわれる孔門十哲の首位で、孔子の弟子の中でも特別な存在だ。その顔回のほかにも七人の顔氏がいて、そのだれかの系統をひいて今日の顔氏につながっていると顔之推は信じているようだ。

一方、之推は春秋時代の魯国以来、兵事にたずさわってきた顔氏を並べあげて、いずれもただの戦士のままであったり、将軍になっても失脚したり、反乱を起こして仲間から殺されたりして、ろくなことになっていないと説明して、顔家の者は儒学、文学を本務として兵事には関与すべきではないと強調している。

江南顔氏の祖、顔含から数えて七代目が顔之推の祖父の顔見遠である。序章でも紹介したように、後に梁の武帝となる蕭衍が前王朝の斉の東婚候を倒すために便宜上、擁立した和帝を廃して自らが皇帝になった。その事実を見遠は皇位簒奪と見て、武帝に対して抗議の死を遂げた。つまり食を絶っての究極のハンガーストライキである。武帝はこれに対して不快の念を隠さなかった。周の武帝が殷の紂《ちゅう》王を討伐したことに伯夷《はくい》と叔斉《しゅくせい》は抗議して山にこもって蕨《わらび》を食べ、最後には餓死してしまうという有名なエピソードがある。見遠の餓死は、どうも自らを二人になぞらえたような気がしないでもないのだが。

見遠の息子の協、つまり之推の父親についても序章で触れた。幼くして父を失い、その父の行動で肩身が狭かったであろう協は武帝が統治する梁代の官界では極端に目立たない。というか武帝自身でなく、その息子の蕭繹の江陵幕下で働いていたことも前述した。また目立たなかったということと矛盾するが、当時蕭繹の下で顧協とともに二協と並び称されたことも書いた。祖父の顔見遠と父の顔協、さらにその息子の顔之推と三人を並べてみると、協と之推の二人とも幼くして父を失っているという共通点がある。特に之推の場合は若年から青年、中年にかけて友人、知人との交流が多い。早くに親を亡くした寂しさが人付き合いの良さに転化していったのかもしれない。

## 顔延之の作品とひととなり

江南顔氏の始祖の顔含から七代の顔見遠、八代の顔協、そして九代の顔之推と続くが、この三人にとってもご先祖さまになるのが顔延之である。延之は靖侯こと顔含の三番目の息子である約の息子の顕の子供である。含、約、顕そして延之なので四代目に当たる。この顔延之は南朝の宋代の人で、詩文・学問に秀でていたので、当時同じく評価の高かった謝霊運とともに顔謝と称されていた。沈約が書いた「宋書」の顔延之傳には三作品が収められている。延之自身著の「祭屈原文」、「五君詠」、「庭誥」である。森野繁夫の「『宋書』顔延之傳について」によると

（前略）「祭屈原文」は始安太守へ赴任する途中、屈原が身を投じた泊潭を通った折りに、湘州刺史張邵の為に作ったもので、延之はそれに託して左遷の怨みを述べている。（中略）「五君詠」は（中略）劉湛と彭城王劉義康に其の発言を悪まれた時の怨みを「竹林七賢」の嵇康、阮籍の行動に託して詠じたものである。（中略）「庭誥」は子弟への家訓であり、劉湛と彭城王劉義康の怒りを買って里巷に七年間屏居していた時の作。「延之傳」全体の約三分の二に及ぶ引用で、沈約の力の入れようが傳わってくる。（後略）

（「中国中世文學研究」第54号　中国中世文學會　広島大学大学院文学研究科内）

とのことだ。

この部分だけを読んでも顔延之という人は、よく「怨みを述べて」いたり、「怨みを詠じ」たり、「怒りを買って屏居していた」りしていることが分かる。どうも怒りと怨みに膨らんだ人のようだ。「宋書」によると顔延之と謝霊運は二人そろって「褊激の性」と評されている。褊激《へんげき》とは講談社の新大字典によると「性質がかたよってはげしいこと」となっており、注に「南史」『延之性、既褊激』《南史・顔延之傳》とある。まさに褊激とは延之のためにあるような漢字らしい。ともあれ性格が偏頗で激烈であることを指すようだが、その度合いが少々常軌を逸しているようだ。その証拠に同論文によると「褊激なる言行の列挙」ともいうべき内容が「顔延之傳」中にあって、「だれそれに対する反撥」や「だれそれを論破す」など他人に向かって「反発」することが続々と出て来る。対人関係の中で「反発」が極端に多いという印象だ。そこでは他人の怒りを買う場合も出て来るだろう。敵も多かったはずだ。

おかしいのは延之が書いた家訓の「庭誥」である。全部で三十二条の項目に分かれていて、いろいろなことが書かれているが、先の森野論文にはこうある。

（前略）例えば延之は「庭誥」の第7條に「怨み誹《そし》りの心」を懐かないようにと、次のように教えている。

・そもそも怨誹《えんび》を以て心としている者は、未だ無心にして得喪《とくそう》を忘れる心境に達することはなく、人に誚《そし》られることばかり多い。このようなことは奴婢のすることであって、どうして見識のある人のすることであろうか。かくて見識ある人は、徳声令氣がいよいよ上って毎《つね》に高尚となり、忿《いか》りと懟《うら》みごとを言っている人は、毎《つね》に下劣となってゆく。君子であろうと尚《ねが》っている者は、どうしてこのことに務勉《つと》めなくてよかろうか。普通の人であっても、感情は素《もと》より尽《な》くすることはできない。したがって長い目で見てそれに勝ち、身近な計画を立ててこれを除くのがよい。どうして自分でそうならないように務めないで、凡庸な輩に陥《おちい》ることがあってよかろうか。

しかしながら延之自身には、それは無理なことであった。その文章や学問の才能が評価されない場合には、彼は常に「怨み誹《そし》りの心」を懐いている。（後略）

まさにその通りだ。「怨み誹りは奴婢のすること」ともし他人から言われたら、一番怒るのは延之であろうし、「忿《いか》りと懟《うら》みごとを言っている人は、毎《つね》に下劣となってゆく。」と分かっていながら下劣と縁が切れないのもご自身であろう。しかし顔延之は実に欠点が目立つ人間的な人でもある。親近感が湧く。

また顔延之は飲酒についても尋常な飲み方ではなかった。同森野論文には「2　酒中への逃避」という項目がある。

延之と飲酒については、晉末に呉国の内史劉柳（劉湛の父親）の部下として尋陽にいた時に、近くに住んでいた陶淵明と何時も酒を飲んでいたし、その後、始安太守に左遷された時には、始安郡（廣西の桂林）へ赴任する際に淵明の許（柴桑）に立ち寄って何日も飲み続けている。その酒乱についての記事を挙げると次のようなものがある。

・延之性は既に褊激《へんげき》にして、兼ねて酒過有り、意を肆《ほしいまま》にして直言し、曾《かつ》て遏隠《あついん》する無し。故に論者は知らずとすること多しと云ふ。

（『宋書』本傳）

あの陶淵明と頻繁に酒を飲んでいたらしい。さすがに大詩人の淵明とは気が合ったのかもしれない。ここにも「延之性は既に褊激《へんげき》にして」が出て来る。前から酒は過ぎるし、自分の思ったことは少しも遠慮せず、ずけずけと言いたい放題だ。彼延之については何とも言いようがないと知人は口をそろえているようである。酒乱の話に戻るが『南史』本伝には文帝が延之を朝廷に何度呼んでも参上せず、飲み屋で裸になって歌ばかり歌っていた。何日かたって酔いが醒めてから、ようやく参上したとか、延之が酔って知人の家を訪れようとしたら知人はすぐに眠ったふりをしたという。後でその理由を「彼が酔っていたら大変なことになるから」と周囲に言ったというエピソードなどなどの酒乱ぶりが紹介されている。

もう一つ宮川尚志の「魏晋及南朝の寒門・寒人」には、この時代が門閥貴族の時代、名族政治の時代として説明されて、そうした血統や経済力、朝廷の中での優越性を持たない下級官吏などを寒門の人、つまり寒人と呼んでいたのだが、ここにも顔延之がチラリと登場する。

（前略）しかるに寒士といふ語が散見するが、これは士人間で相手を卑めていふ稱呼であつた。宋の王奐が始めて著作佐郎になつた時、從祖の友人顏延之がその背を撫し「阿奴始めて寒士を免る。」といつた。（南史二三）（後略）

（「東亜人文學報」第三巻第二號　京都帝国大學人文科學研究所編）

と出てきた。友人がそれなりの官職に就いたら、早速嫌みを口走っている。

顔延之については性格が偏っているとか、自分がまったく出来ていないことを家訓に書いて説教しているとか、酒乱で無遠慮だとか、散々なことを書いてきたが、ここでまた別の論文を紹介してみたい。谷川道雄の「六朝時代の名望家支配について」によると、名望家たる者はその宗族の困窮者に対して賑恤、救済をしなければならないという論旨の後に

（前略）それよりも注目すべきものは、南朝宋の顔延之の著わした『庭誥』の一節である。

務前公税、以遠吏譲、無急傍費、以息流議、量時發斂、視歳穣倹、省贍以奉己、損散以及人、此用天之善、御生之得也。

（何よりも納税を優先して役人から責め立てられないようにし、不急の支出は後まわしにして世間からとやかく言われないようにする。季節の変化を考え、一年の豊凶をよく見て、自分の生活は節約し

てまかない、財物を放出して他人に及ぼす。こうすることが自然を正しく運用し、生活をうまく治めてゆく道なのである。）

ここにも、自然のリズムに応じて家庭経済を営み、その一環として賑恤に心がけるという思想が表明されている。きわめて簡潔な表現ではあるが、公税、自家消費、賑恤の三者が、道義的、計画的に支出されてゆくことを理想としている。この家政の道義性と計画性を支えているものが、自然の摂理と社会の世論であることも、この文章のなかに読み取ることができる。（後略）」

（「龍谷大学論集」第四三六号　平成2年7月　龍谷大學會編）

と大いに評価されているのだ。

顔氏の家系は江陵顔氏の祖の顔含の方針を奉じてか之推の祖父の見遠、父の協、さらに延之などおおね財物にこだわらない節倹の人物が目立つのだが、もちろんすべてがそうであったわけではない。顔含から数えて四代目顔延之の長男の竣は出世して富裕な勢力家になった。ただし父は息子に近づかないことを自慢にしているような様子だったが。その竣も同時代の皇帝の孝武帝に殺されてしまった。またその竣の族兄（またいとこ）である師伯は宋に仕えて吏部尚書に昇進して裕福な荘園領主、つまり大規模な土地所有者になっている。しかし後に廃帝から誅殺されている。まさに顔之推が口を酸っぱくして言い募っているように、あまり出世したり、蓄財したりするとろくなことはないということを身を以て示してくれたようなものだ。

## 兄、顔之儀と之善のこと

長兄の顔之儀については序章で触れた。ただし両親が健在である時に弟の之推を連れて挨拶をさせるなどの指導をしたこと、父の協が亡くなってからは之推を不憫に思ってか厳しさが足りなかったことを書いたに留まった。そもそも之儀は当然ながら顔氏の家学である儒教をきちんと学んできた。「周書」巻四〇顔之儀伝には「幼なくして穎悟、三歳にして能く孝經を讀む」とある。穎悟《えいご》とは、さとく賢いこと。高橋君平の「顔之推別傳」には先の「顔之儀伝」について

（前略）伝には之儀は隋開皇十一年卒年六十九とあるからその生年を逆算すると之推より八年の年長である。（北史八三に之儀を之推の弟とせるは誤）江陵で孝元敗亡後長安に遷り周に重用され太子の侍讀となり隋文帝の受禅を快しとせず開皇五年一度は集州の刺史となつたが翌年退き爾後任官しなかつた。

最後の二行を読んでもらうと分かるが、当時の北周の最高権力者であった楊堅が皇帝に上る時に、顔之

儀は現皇帝の意に背くとして異議を唱えている。まさに彼の祖父の顔見遠が斉の和帝から後の梁の武帝に権力移譲が行われるに際して抗議の絶食をした事実を思い起こさせられるのだ。血は争えない。権力者に迎合していれば楽な場面でも己の信念を申し述べる。顔氏の硬骨な精神を見せつけられる。ただし之儀は見遠ほど過激ではなく、その後に官に就いてはいるが、短期間で辞めている。高橋論文の続きに戻ろう。

江陵、周、隋では之推と同時の筈だが彼等兄弟の交渉は序致に毎従両兄、慈兄鞠養、苦辛備至、終制に計吾兄弟不當仕進の二語が家訓に見える外は何等の手がかりもない。家訓には「兄弟」の一篇があり兄弟というものゝ一般関係を論じているが自分等兄弟のことには些も觸れていない、兄弟ばかりでなく父母祖父母其他家族のことは何も言つていないので甚だもの足りぬ感であるがこれは或は禁忌なのであろうか。（後略）

とある。

確かに顔之推は兄弟について一般論では語っているが、実の兄弟に関しては「顔氏家訓」の「序致篇」と「終制篇」にほんの少し出て来るだけだ。また顔之儀は江陵で元帝の幕下に出仕して官人となり、西魏の襲来によって多くの人々とともに長安に連行されたのも之推と同じである。ただし之推は程なく家族とともに黄河を下って北斉に脱出しているが、之儀は西魏から北周に代わった後も、ずっと同じ国にとどまって官吏として働いていることは分かっている。さらに之推が西魏から脱出して北斉に入ってから約二十年後に北斉が旧西魏の北周に破れて、之推は再び北周の都長安に連れ戻されている。兄弟は同じ国で生活することになった。それにしては之推は兄之儀について語らなさ過ぎるという印象だ。そこで兄弟の不仲説が取り沙汰される。

川本芳昭の「顔之推のパーソナリティと価値意識について」によるところだ。

（前略）宇都宮氏はかつて、

彼（顔之推）は兄と甚だしく行き方を異にしていたから、公私にわたる生活と意見についても、恐らく多くの場合一致を欠いたことであろう。兄とは別に独り脱走という形で関中を去り、北斉で生活を送った中年時代は勿論のこと、後年再び失意の人として関中に帰って以後も、之儀・之推の兄弟は『家訓』の兄弟篇の教訓などとは案外裏腹に、殆ど兄弟らしい交歓の時を持った如くには見えない。かえって我々には知られていない何かの理由で、例の「書かないことによる沈黙の批判」という節制された態度もあったかも知れないと思われるくらいである。ただわずかに終制篇の中で、自身の兄弟の数の少ないことの淋しさを訴え、彼ら兄弟は共々に、政治の世界などに生活すべき運命にはなかったはずだという旨を述べて、兄弟としての連帯感を表現している件りがあるのは、むしろ例外的でさえある。

と述べられたことがある。（後略）

ここにある「政治の世界などに生活すべき運命にはなかったはずだ」という部分以下、「兄弟としての連帯感を表現している」箇所は四章の後半の終制篇ですでに引用している。さらに川本論文はその少し後に之儀伝について触れ

（之儀）（北周のとき）出でて西疆郡守と為る。隋文帝、践極し、詔し徴して京師に還し、爵を新野郡公に進む。開皇五年、集州刺史を拝す。州に在りて清静、夷夏之を悦ぶ。明年代還す。遂に優遊して仕へず。十年正月、之儀例に従ひて入朝す。隋文帝、望みて之を識り、命じて引きて御坐に至らしむ。……乃ち銭十万、米一百石を賜ふ。十一年冬、卒す。年六十九なり。とある。この兄・顔之儀は顔氏家訓巻一、序致篇に、年始めて九歳、便ち茶蓼に丁ふ。家塗離散して、百口索然たり。慈兄鞠養して、苦辛備さに至り、仁有るも威無く、導示切ならず。とみえる、父亡き後、幼い顔之推らを苦辛備さに至る状況下に鞠養した「慈兄」であろう。宇都宮氏に拠れば、顔之推はこの兄の没した開皇十一年の時点より前、開皇十年を過ぎる程からぬ時点で没したという。筆者も氏の高見に賛同するものであるが、とすると、顔氏家訓巻七終制篇に見える「数十年の間、還望を絶たれたり。今は混一すと雖も、家道は罄窮す。何に由りてか此の奉営の資費を弁ぜんや。」とする墳墓造営の経費を巡る記述は奇妙

な記述と言うことになる。何故なら、当時は顔之儀存命中で、先に見た顔之儀伝に「爵を新野郡公に進む。（中略）明年代還す。遂に優遊して仕へず（優遊不仕）。十年正月、之儀例に従ひて入朝す。隋文帝、望みて之を識り、命じて引きて御坐に至らしむ。

とあるように、顔之儀は「優遊不仕」の状態にあるとはいえ、隋の文帝に一目置かれ、「新野郡公」としてその最晩年を過ごしており、その両親の墳墓造営ということになれば、当然長兄たる顔之儀はその経費の大半、或いはそのすべてを支出し得る財力を保有していた筈と考えられるからである。にもかかわらず終制篇には兄に応分の負担を求めるという考えは全く見出だせない。父母の墳墓を「旅葬」のままにしておくことへの気兼ねは顔之儀の場合にも当然存在した筈であろう。」と詳述し、最後にこう結論づけている。

（前略）我々は顔之推の人となりを追求する際、顔氏家訓執筆にあたって彼が兄弟関係の重視を行う背景に、兄弟の疎遠、不仲という現実がそこにあったということを想定しておくことが必要なのである。それ故にこそ、顔之推はその子たちに家訓の中で兄弟の重視を縷々力説したと考えられるのである。では、そうした疎遠という事態が生じた原因は何であろうか。大きく考えれば、幼い頃より兄の養育に反発した顔之推の人となり、顔之推が北周から北斉に脱走したことによって生じたであろう、北周に残った兄たちの北周朝における立場、北周の北斉攻略において顔之推が頑強に抵抗したことなどが

その原因と考えられるが、その細部は今日もはや明らかにすることはできない。（後略）

（「史淵」九州大学大学院人文科学研究院）

おそらくそうであろう。そもそも顔之推は「顔氏家訓」の冒頭に「（前略）それにつけても自分の不勉強がこのような結果になったのだと、つくづく自分で自分が憐れになり、（後略）」と書き、子孫に対して前車の轍を踏まないように学問の大切さを訴えたのであろう。そうすると顔延之の「庭誥」も「すぐに短気をおこしてはいかん」と何度も書いているのは自分が出来なかったからこその訓示であって、むしろ家訓の本質なのかもしれない。

長兄の之儀に対して次兄の之善についてなのだが、彼については史書の伝がまったくない。また伝のある之儀と之推にも之善に関する記述が見当たらない。したがって、おそらく他の兄弟と同様に江陵に生まれ、元帝に出仕し、江陵陥落の際は長安に連行され、その後西魏、北周あるいは隋代まで生存していたらしいという極めてあやふやなことしか分からないのだ。それどころか、顔氏の家譜が記録されているはずの「顔氏家廟碑」には之善は之推の弟とされているようだし、そもそも之推の両兄というのが、同腹は之儀だけで、もう一人は異腹の従弟ではないかという説まであるそうだ。実在した人物であったとしても、兄と弟に挟まれて何とも影の薄い人物であって、気の毒だ。

## 顔之推の三人の息子

次に顔之推の子供たちに触れておきたい。上から思魯《しろ》、愍楚《びんそ》、游秦《ゆうしん》の三人である。彼らの名前の付け方によってどこで出生したのか見当がつくと専門家は指摘している。思魯は魯を思う。顔氏の最初は魯から出たとされている。遠い故郷への思慕の念から命名されたようだ。思魯が生まれたのは江陵であるといわれている。次の愍楚は楚を愍する。かつての楚の国は揚子江中流の荊州、つまり江陵を指すと見られている。江陵が西魏によって敗亡しているが、その江陵を楚に見立てて感情を吐露している。愍楚は北斉の生まれということになる。最後の游秦はどうだろう。秦に游ぶということからいにしえの秦の国、即ち関中であり、当時の北周で生まれたのではないかと推測されている。顔之推は今まで見てきたように、江陵の元帝のもとで働き、江陵が陥落後に西魏を経て北斉に入り、さらに約二十年後に北斉が破れて北周に入国している。こうしてみると梁代の江陵、北斉、北周と生活の場を移すごとに子供に恵まれたとも言える。

長男の思魯は三章の冒頭に登場している。父の之推が江陵崩壊後に西魏の長安に連行され、その後北斉に脱出する件は何度も述べてきた。その際に之推は黄河を下るのに妻子を連れて来たと述懐している。その子供こそ思魯であろう。次に思魯が出て来るのは四章の前半である。すでに成人になっている。北周に連行され、一家の暮らしは窮乏していた。父顔之推は家学である学問をせよというが、このまま学問をしていて良いのか。自身の肉体を使って労働をして収入を得て、親に孝行をするべきではないのかと父と語り合うところを紹介した。「顔氏家訓」の一場面である。思魯についてはこの二つのエピソードしかない。しかし思魯も隋代には東宮に出仕していることが分かっている。だが、この後で書く思魯の長男の顔師古には書くべき事蹟がはっきりしている。

次の愍楚はどうか。彼も内史省に出仕していた事実はあるが、その後の隋末の大乱で実にとんでもない事態に遭遇している。愍楚は食われたのである。それも虎や羆などの猛獣に食われたのではなく、人間に食われた。しかも愍楚のみならず一家全員が食われたというのだ。桑原隲蔵《くわばらじつぞう》の「支那人間に於ける食人肉の風習」によると、古代中国の史書をたどるとカニバリズム（食人）の習慣が見られると、いくつもの例を紹介している。その中に

（前略）支那人の cannibalism の實例を擧ぐる場合に、決して隋末唐初に出た朱粲のことを逸してはならぬ。彼は劇賊の首領で、二十萬の部下を率いて中原を横行し、到る所で居人を掠奪殺戮して粮食に充てた。」とある。

「舊唐書」の巻五十六、朱粲傳には、朱粲は嬰児を取って蒸して食ったりして人肉ほどうまいものはないと言う。また婦人や小児を手に入れては皆を煮て軍士に分け与えたという。その後に顔愍楚に関しての記述がある。「有名なる顔之推の子の顔愍楚は、朱粲の軍に囚はれてその幕僚となつたが、後に

軍中食に乏しくなると、彼の一家を擧げて朱粲に噉ひ盡されたといふ。彼は人から人肉の滋味を聞かれた時、「若噉二嗜レ酒之人一。正似二糟藏猪肉一」と答へて居る。誠に驚くべき食人鬼ではないか。

凄まじい限りだ。当時顔愍楚は隋末の大乱の時で南陽（河南省新野県）にいたらしい。一家とは妻がいて、おそらく子供がいたはずであるが、詳細は不明である。この引用した論文の最後に朱粲が人肉の味を聞かれた時に答えたのは「もし酒を嗜む人が食えば、まさに糟漬けの猪肉に似ている」と解釈すれば良いのだろうか。

桑原論文の後半には

> （前略）上來紹介した幾多の例證の明示する如く、支那人が古來人肉を食用した事實に就いては、何等の疑惑を容れぬ。さて更に一歩を進めて、支那人が人肉を食用する動機をたづねると、中々複雑で一様でない。（後略）

とするものの動機別に五種類に分けている。

㈠は「飢饉の時人肉を食用する場合。」である。「申す迄もなくこの場合が一番普通である。」ことは分かりやすい。世界史的にも各所であったし、日本の江戸時代の飢饉の食人も知られている。現代でも航空機事故で山などに墜落して助かった人々の間でカニバリズムがあったことは極めて地味ながら報道されることがある。

(二)は「籠城して糧食盡きた時に、人肉を食用する場合。」だ。同論文には続いて

食人肉の風習を有する支那人は、若し彼等が重圍の中に陥つて、糧食盡くる際には、人肉を以てその不足を補充するのが、古來殆ど一種の慣例となつて居る。(後略)

とある。確かに戦乱時には籠城した兵士が食糧の補給をされず仲間の死体を食べるという記述はよく出て来る。この一章で書いた侯景の建康城攻めの後半の場面にも出現した。

(前略)梁の武帝が反臣侯景の爲に建康の臺城に圍まれた時、官軍糧食に乏しく、馬肉に人肉を雜へて飢を凌いた(『南史』巻八十、侯景傳)。(後略)」がそれだ。このような例は枚挙に暇がないとも言える。ただし論文によると、その中でも「唐末から五代にかけて、城守の際に、人肉食用の蠻行が頻發

したことは、(中略)疑ふ餘地がない。(後略)

そうだ。

㈢は「嗜好品として人肉を食用する場合。」。ここには先の顔愍楚一家を食った朱粲が登場すると思っていたら、やはり出て来た。このケースについて論文は続く。

こは勿論特別の場合に限る。所が支那では、この特別なるべき場合が、存外頻繁に起るから驚く。已に紹介した齋の桓公が、易牙の子を食したのは、異味を賞翫するといふ理由で、この場合の一例と認めねばならぬ。隋の朱粲や五代の趙思綰も亦人肉愛用者の中に加へねばなるまい。朱粲が當初人肉に口を着けたのは、食糧の缺欠に由るが、彼が人肉を第一の美食と公言せる以上、彼は當然人肉愛用者と認めねばならぬ。（後略）

その通り。異論は出まい。

㈣は「憎惡の極、怨敵の肉を噉ふ場合。」だ。桑原論文は述べる。

支那人はその怨敵に對する時、よく欲㆑噬㆓其肉㆒とか、食㆑之不㆑厭とか、將た魚㆓肉之㆒とかいふ文字を使用するが、こは決して誇張せる形容でなく、率直なる事實である。彼等は生きたる怨敵の肉を噉ふは勿論、死んだ怨敵の肉すら噉ふことが稀有でない。（後略）

とある。生者を食えば苦痛を与えられるし、死者を食えば屍を鞭うつ効果があるのだという。続いて漢室を簒奪した王莽は身体をバラバラにされ、首は市にさらされ、人民に打ち打擲され、舌は切られて食われたとある。そしてご存じ梁の建康を襲って支配者になった侯景は一章で書いた通り、屍は建康の市で茹でられ、その首は江陵の蕭繹の所へ、二本の腕は北斉の高洋へ送られ、それ以外の部分は市にさらされた。そこで人民によってたちまち食べ尽くされたのであった。

㈤は「醫療の目的で人肉を食用する場合。」である。この項目には

唐時代から現時に至るまで約千二百年に亙つて、隨分廣く行はれて居る。この人肉を瘵疾の良劑として紹介したのは、唐の開元時代の明醫、陳藏器の『本草拾遺』にはじまるといふ。（後略）

とあって、ある特定の病気には人肉を食べると治療効果があると信じられていたらしい。それ以来父母が羸《るい》という痩せて疲労する病を得ると、子供が自らの股の肉を割いて両親に勧めたと『新唐書』巻百九十五の孝友伝に記してある。特に唐宋代にこの例証が多いようだ。「刺股行孝」という風習は唐以前には絶無に近いほど見られないという。

顔愍楚が朱粲に食われた経緯と理由を調べていたら、思わぬ程長くなってしまった。結論は顔之推の次

男の顔愍楚は家族ともども人間に食われてしまったということだ。

さて三男は北周で誕生した游秦である。彼も隋代に典校祕閣という役職を得ている。この游秦と父の顔之推と顔思魯の長男の顔師古の三者の関係は吉川忠夫の「顔師古の「漢書」注」に詳述されている。ここには之推の息子三兄弟のエリートぶりが紹介された後に

（前略）かかる家庭に生をうけた顔師古は、さだめられたごとくにして「少《わか》くして家業を傳え、群書を博覧し、尤も詁訓に精《くわ》しく、善く文を屬《つづ》る」（舊唐書本傳）ことができた。兄弟もそろって好學であり、（後略）」と続く。さらに「（前略）なかでも師古は、唐の太宗の貞観時代、王朝によって立案され、つぎつぎに實行にうつされた文化事業のかずかずになんらかのかたちで關係したといってよい。（中略）いまここでぜひとも指摘したいのは、漢書學が顔氏に傳わる「家業」のひとつであったことである。」


とあって以下に続く。

『北齊書』文苑顔之推傳には、顔氏の「家業」は周禮と左傳であったとつたえるが、それにいまひとつ『漢書』をくわえてもさしつかえはないとおもわれる。すくなくとも顔之推以後においてはそうであった。『漢書』『顔氏家訓』、とりわけその勉學篇と書證篇には顔之推の『漢書』にかんする言及がいくつかみられるのだが、それら一條一條を該當する師古注と比較對照してみると、兩者のあいだに緊密な連

絡の存することを看取できるのである。顔師古の幼児期から少年期にかけて、顔之推は健在であった。顔師古が祖父からしたしく學問のてほどきをうけたと想像してもなんらおかしくはない。（後略）

（「東方學報京都」第五十一冊　京都大學人文科學研究所）

そうだろう。おかしくないどころか、むしろ当然かもしれない。そしてこの少し後に顔師古と顔游秦について説明している箇所が出て来る。

（前略）ところで顔師古の周邊には實は『漢書』の専注を書いた人物が存在した。顔之推の第三子にして顔師古の叔父にあたる顔游秦である。かれは師古注にさきだって『漢書決疑』十二巻を著わし、それゆえ顔師古を小顔と呼ぶのにたいして大顔とよばれる。『漢書』顔師古注と『漢書決疑』とのふかい關係ははやくから氣づかれていたらしく、（後略）

とあり、「顔師古傳」では平たく言えば師古が游秦の論文を剽窃したと書いている。つまり顔師古から見れば「漢書」については祖父の顔之推から教わり、また叔父の游秦は父之推から指導され、その游秦が書いた本を大いに参考にしたわけだ。もとより漢書を家学とした場合、個人が書くというより家の者が協力して書くという形になる。要は「漢書」注については顔師古が書いたわけだが、そこには祖父の顔之推と叔父の顔游秦の力が相当に注ぎ込まれているというのが結論のようだ。とにかく顔師古は唐の太宗に仕え、中書侍郎へ、さらに秘書監廣文館學士を授けられ、そして「漢書」注を完成したのである。偉大な力を発揮したということは間違いない。隋王朝が開かれた開皇元年（五八一）に生まれ、没年は唐の貞観十九年（六四五）、六十五年の生涯であった。

## 戦う顔真卿

ところで顔之推など顔氏の家系で一番の有名人は誰であろうか。それは明らかに顔真卿であろう。衆目の一致するところではないか。仮に書についてまったく関心のない人でも書家としての王羲之と顔真卿の名前は知っているだろう。もっとも、そう言ってしまうと逆に彼以外の顔氏を知っている人とは中国史あるいはその中でも魏晋南北朝時代を研究対象とした学者、研究者、あるいはその時代に特別な興味と関心を持っている人々に限られてしまうということになるのだが。ともあれ顔真卿が著名人であることは間違いない。

その顔真卿とはそもそも何者なのか、について考えてみたい。今まで書いてきた顔師古は顔之推の長男の思魯の第一子であったことを思い出してほしい。その次男は相時といい、三男は勤禮、四男を育徳といった。三男の勤禮の息子が昭甫、昭甫の息子が惟貞、さらにその息子が顔真卿ということだ。つまり真卿にとって勤禮は曽祖父に当たる。また顔之推は五代の祖になる。

顔真卿は七〇九年、唐の中宗の景竜三年に長安で生まれた。父の惟貞は真卿が幼いうちに死んでいるので顔家の生活は貧しかったようだ。ただし学問を尊ぶ家風は健在で、例によって優秀であった。七三四年、二十六歳の時に文官登用試験の科挙で、進士に合格。二十八歳で秘書省著作局の校書郎として朝廷に出仕した。当時はよく知られているように玄宗皇帝による「開元の治」といわれる善政の時代である。政治、世相とも安定していた。真卿の青壮年時代と重なる玄宗の開元・天宝の治世は平和で、真卿自身も平穏な日々だった。しかし七四四年、玄宗が六十歳という晩年に至って、息子の寿王の后の楊玉環を妻にした。楊貴妃二十六歳である。美人の上に教養もあり、楽器演奏や舞踊にも長けていた。楊貴妃を溺愛した玄宗は彼女の好物のライチを得るために広東に急行させ、送り届けさせたほどだ。

玄宗が楊貴妃を寵愛し始めたころから当時の政治の実権を握ったのは李林甫であった。李林甫は政治に興味を失った玄宗に政治全般を委ねられた。林甫の周囲には何でもいうことを聞く者が集まったが、彼にとって要注意人物が二人いた。安禄山と楊国忠である。安禄山は営州（遼寧省）の出身で父がソグド人、母が突厥という出自であったが、平盧兵馬使、営州都督を経て七四二年に平盧節度使に任じられた。これを機に入朝し、玄宗と楊貴妃の二人に愛された。一方の楊国忠は楊貴妃の従兄弟であることで頭角を現してきた。李林甫はそのような異分子二人の台頭を目にして警戒をしていたが、死亡した。李林甫亡き後、楊国忠は尚書右僕射となり、実質的な権力をもぎ取ったのである。玄宗は国政を楊国忠に任せてしまう。

こうなると楊国忠に尾を振れば得だと考える追従者も増えて朝廷は贈収賄や恫喝の場と化し、乱脈を極めた。

一方楊国忠に対抗できる人物として朝廷内に力を持っていた安禄山がいたが、楊国忠は安禄山を追放して勝者となる。

そのような暗闘の時代にも顔真卿は清廉かつ剛直な官吏として務めている。七四七年に監察御史となる。百官の悪行などを調査し、刑獄などの監督に当たった。さらに武部員外郎になる。ただし正義感の塊のような真卿は楊国忠から憎悪され、七五三年に平原太守として飛ばされた。その辺の事情は谷川道雄の「顔真卿とその時代」に

> (前略)かれがつき当たったのは、天宝後期の権勢宰相楊国忠であった。事は御史吉温が御史中丞宋渾を弾劾して失脚させ、地方官に左遷したことに始まる。真卿はこの処分について、「奈何《いかん》ぞ一時の忿《いか》りを以て、宋璟《そうえい》の裔《すえ》を危うせんと欲するや」(行状)と、吉温らを難詰した。当時、温の背後には楊国忠があり、国忠はもともと顔真卿が自分に追随しないのを快くおもっていなかったので、天宝十二載(七五三)、平原太守に出されるのである。(後略)
>
> (「書論」27号　書論研究会)

とある。そして七五五年に勃発するのが「安史の乱」である。かつては「安禄山の乱」と呼称されていた

が、安禄山の後を継承するように部下の史思明が乱を起こしているので名称の変更があった。安禄山は幽州から叛旗をひるがえし、契丹や突厥の騎兵を中心に十五万の兵を挙げた。

「安史の乱」を顔真卿との関わりを中心にして述べてみたい。安禄山の挙兵の主旨は君側の奸である楊国忠を征伐することにあった。というのは安禄山の考えで、実際には二人の権力闘争だった。幽州つまり范陽で十一月に挙兵した安禄山は史思明に留守を任せて進撃を開始した。まず西に向かって常山へ、ここから南に針路を変えて安陽（鄴）、汴州から西に転じて洛陽に着くと十二月十二日には陥落させた。翌七五六年正月元日には国名を大燕として皇帝と称した。だが安禄山にとって意外な敵は常山太守の顔杲卿《がんこうけい》と平原太守の顔真卿であった。杲卿は顔真卿の父の兄の子供であるから顔真卿の従弟である。河北や山東の地域では安禄山の威勢を恐れてなびいたが、顔氏の従兄弟二人は徹底抗戦の道を選んだ。杲卿は洛陽陥落のころ、常山の西の土門で安禄山配下の守将を殺して反安禄山の旗色を明らかにした。真卿も平原城で叛旗をひるがえした。しかし杲卿は范陽から駆けつけてきた史思明に敗れて一族ともども洛陽に連行される。安禄山は憎き反逆者と思ったのか、杲卿を処刑するのに手足を切断した。同時に杲卿の息子の顔季明《がんきめい》も残酷な処刑を受けたのである。この事件について真卿は後に「祭姪《さいてつ》文稿」という行書の作品に姪（甥）の刑死を痛嘆する様を書き残している。行書の名作として知られる「三稿」のうちの一つだ。この部分の現代語訳が杉村邦彦の「顔真卿三稿訳注」にあるので紹介したい。

（前略）おもうに君はぬきん出た資質を備え、早くから幼児としての才徳をあらわし、宗廟《みたまや》の瑚璉《これん》、階庭《にわさき》の芝蘭・玉樹のような秀れた人材として、いつも人々の心を慰め、福祿を受けるであろうと嘱望されていました。しかし、逆賊（安祿山）が隙をうかがい、兵を挙げて反撃しようとはどうして予想できたでしょうか。君の父（杲卿《こうけい》）は誠意をつくして常山郡に太守となられ、私も命を受けて平原太守として任地におりました。仁兄（杲卿）は私をいつくしみ、君にその言葉を伝えさせたのでした。君が帰ってから、土門を敵から奪回することができ、土門が開放されて、兇威は大いに弱まったのであります。しかし、不忠の臣（王承業）が援軍を出さなかったがために、孤立した城は敵に包囲され、父は敵の手中に陥《お》ち、子は死に、巣が傾き卵がくつがえることになったのです。天が禍《わざわい》をもたらしたことを悔いないとすれば、いったい誰がこの苦痛を与えたのでしょうか。君がこの残虐に遭ったことを思うと、たとえ百度身代わりになっても、あがなうことができるでしょうか。ああ哀しいことです。（後略）。

（「特集顔真卿とその三稿」〈「書論」第27号　書論研究会　書論編集室〉）

この「祭姪文稿」七五八年九月に当時蒲州刺史であった真卿が顔季明を祭った草稿である。同年その約一カ月後に書いたのが「祭伯父文稿」だ。真卿が伯父（真卿の父の兄）の豪州刺史の顔元孫の墓前に捧げた草稿で、内容は先の季明の死を痛憤している。これが「三稿」の二作目。

さて時間をさかのぼって安禄山の軍はどうだ。さらに西に猛進して長安防衛の最後の拠点である潼関を守る二十万の唐の兵力を粉砕し、長安に肉迫した。長安にいた玄宗は潼関陥落の急報を聞いて、楊貴妃ら一族と楊国忠など側近とともに大急ぎで脱出する。西に逃げたものの馬嵬駅で兵士の怒りが爆発し、楊国忠、楊貴妃が殺された。この後、玄宗は四川の成都に、皇太子は北方の霊武に移った。この後もよく知られているようにさまざまな展開が待っているが、結局安禄山は七五七年の正月に息子の安慶緒に殺され九月に正規軍である唐軍が長安を、十月に洛陽を回復した。だが七五九年の安陽の戦いで史思明軍が勝利し洛陽に入って大燕皇帝につくも、七六一年の三月に息子の史朝義によって殺されるという安禄山と同じ運命をたどることになる。七六二年四月に死んだ唐の粛宗に代わって代宗が即位し、十月には洛陽を奪還した。その史朝義も七六三年正月に唐軍に追い詰められ、范陽で自殺に追い込まれた。「安史の乱」は勃発して以来足掛け九年の経過を経て、ここにようやく決着がついた。

一方、顔真卿は顔杲卿の抗戦以来、平原太守として一年城を守り奮戦を続けたが、最終的には七五六年十一月に落城。落城寸前に平原城を脱出した。すでに玄宗と別れて霊武で皇太子から粛宗として即位していた皇帝は陝西省の鳳翔に移っていた。粛宗は郭子儀や李光弼などの則近に守られていた。乱が収まると顔真卿は粛宗について長安に戻り、ここで法務大臣にあたる憲部尚書に、さらに御史大夫を加えられた。前述したように七六二年に粛宗が死んで代宗に変わり、七七九年にその代宗が死去して徳宗に移っている。したがって真卿は玄宗に始まり粛宗、代宗、徳宗の四代の皇帝に仕えたことになる。ただし唐軍が安史の軍を撃退して朝廷が長安に戻ってからも「剛直顔真卿」の面目はいささかも変わってはいなかった。

その一つのエピソードが朝廷内の座る席の問題だ。七六四年代宗のころ、宦官の魚朝恩が神策軍という軍隊を率いて権勢を誇っていた。右僕射《うぼくや》の郭英乂《かくえいがい》はその朝恩におもねって、朝廷の儀礼の席次を乱して着かせてはいけない席に着かせたというのだ。古式の儀礼を重んじる真卿の神経を逆なでするような事態だ。当時は検校刑部尚書の真卿は「争坐位文稿」という草稿を郭英乂に送って抗議をした。これが「三稿」の三作目である。その朝恩は七七〇年に殺されている。

七八〇年、徳宗の建中元年に顔真卿は天子の教育係である太子少保の官を授かる。また同年顔氏のための家廟碑「顔氏家廟碑」を制作することになった。父の惟貞の廟に建てたもの。祖先の学問と徳行について、安史の乱で死んだ一族のこと、それらの官歴と業績を記している。顔氏の系譜を重んじてきた真卿はその仕事を誇りに思っていたらしい。翌七八一年十二月から翌年にかけて淮西節度使の李希烈が謀反を起こした。唐の宰相の盧杞《ろき》は真卿の剛直さを憎んでいて、この反乱の機をとらえて真卿を希烈のいる河南省の汝州に派遣した。体の良い追い出しである。希烈は真卿から反乱を止めるよう説得されるが聞かず、一方真卿も相手の取引に応じなかったので交渉は決裂し、龍興寺に幽閉された。約三年後の七八五年に李希烈によって絞殺された。真卿はもともと盧杞によって捨て石の扱いをされているのを承知で、一切の妥協を拒んだといえる。

この顔真卿という人物は祖先の誰に似ているだろうか。顔之推の祖父の顔見遠を想起させないだろうか。生き方は違うが、本質的な根の部分が共通しているように思えるのだが。顔延之はやや人を韜晦する要素が強いし、顔之推は特に中年になってからは老獪ともいえる行動をとる傾向がある。見遠と真卿には韜晦や老獪さは微塵もない。少年のような一途さのみが見える。書は人を現わすという。顔真卿の書は圧倒的に男性的だ。骨太で雄渾である。力強さが見る者に迫ってくる。享年は七十七歳の喜寿であった。

（前略）顔真卿。字《あざな》は清臣、小名を羨門子《せんもんし》、別に応方と号し、死後文忠と諡《おくりな》された。後世その人を尊んで姓名を称せず、ただ魯公と呼びならわしている。これは、かつて彼が魯郡開国公に封ぜられたからである。（後略）

（杉村邦彦「顔真卿論」〈『中国中世史研究六朝隋唐の社会と文化』中国中世史研究会編　東海大学出版会〉）

# 六章　顔之推と友人、知人たち

**所値名賢、未嘗不心。酔魂迷、向慕之也。**

**（そのうえ幸いにもお目にかかることのできた立派な方々には、いつも酔ったように身も魂も魅せられて、敬慕賛仰の情を寄せずにはいられなかったものである。）**

**「顔氏家訓」慕賢第七**

顔之推の友人としてトップバッターにふさわしいのは祖珽ではないだろうか。三章の北斉時代、文林館でともに仕事をしてきた。ただし之推にとっては同僚ではなく上司ではあるが。とはいっても文章では祖珽と書かずに字の祖孝徴と書いて親しみを示している。何よりも「顔氏家訓」に五回も登場している。それ以外にもう一つ祖珽のことらしい記述があるので全部で六回に上る。頻出していると言っていい。

まず風操第六（第六章　みだしなみ論　五五段「故人の呼称法―先代の場合、其の他」）に出て来る。ここでは顔之推が故人をどのように呼んだら良いかを説明していて、故人がおじの場合は「従兄弟門中」（亡きおじ）と呼んだら良いが、北斉などではそのような習慣はないと書いている。そして

（前略）羊偘《かん》なる人物は、梁朝《りょう》（五〇二～五六）の初期に南方に転入して来た人である。私が先ごろ鄴《ぎょう》に行った時、この偘なる人の兄の子で粛《しゅく》と名のる人物が、偘について、精しいことを私に質問したことがある。私が、

「君の『従門中』（亡くなられたおじ御）は梁朝において、かくかくしかじか……」

と南方流に返答してやった。そしたら、粛は、「あれは私の親《しんみ》（父と同系）の七番目の亡叔でございます。従（父と異系）ではございません」と言った。祖孝徴君が丁度同席していたが、彼はかねがね江南（南方）の風俗を知っていたので、粛の「とんちんかんな」言葉を聞くと、

「御身の『従弟門中』（亡くなられたおじ御）とおっしゃっているんだよ。判らないかねえ？」と注釈してくれた次第であった。

（顔氏家訓1　七〇、七一頁）

とある。ここでは南朝の梁の風俗、習慣を知っている祖孝徴が、それをまったく知らない男に説明してやった一件を紹介している。次に同じ章の六一段「祖公という呼称」に登場している。この段は短い。「斉朝（五五〇～七七）の士子（身分ある家柄の子弟）たちは、何れも祖僕射《ぼくや》のことを「祖公」と呼び習わし、差し障りがあることなどは全然気にされていなかった。だから、当の御本人にさえ面と向かって、「祖公」と呼んでふざける者があった程である。」（同　七九頁）祖僕射とは祖珽のことを官位で呼んでいるが、祖公

というのは注一によると「おじいさま」を意味するので、一般的には言うべきことではない。しかも面と向かって言うのは、普通ならあってはならない失礼なことになる。だがしかし、それが許されていることに「やはり祖珽の人柄と人気とを思わせるものでもある」と注に書いてある。

もう一つ同じ章の六九段「孤の追悼生活（其の三）―謹慎の仕方について」にも顔を出している。ここでは両親が亡くなった後の子供の謹慎ぶりが描かれている。祖珽は絵が上手で、同席していた人物の故人となった父親を知っていた。たまたま描いた人の絵を男に見せると

（前略）さっと顔色を変えて悲痛な面持ちになり、そのまま立ち上がったかと思うと、馬に打ち乗って出て行ってしまった。一座の人々は余りのでき事に、びっくり仰天《ぎょうてん》したが、何故そんなことになったかは誰にも推測がつかない。しかし孝徴君は、やがて事情に思い当たったので深く後悔煩悶したが、当時ことの真相を知って感動した人は殆どいないようだった。（後略）　（同　八七頁）

今回の逸話は深刻だ。祖珽の絵はうまい。何気なく描いた人はその男の父親にかなり似ていたらしい。たちまち感情が激して席を立ってしまったようである。

さらに祖珽のほかに邢子才が出て来る場面が文章第九（第九章「文章論」一三二段「沈約《しんやく》の作文法―三つの「易《やす》い」」）である。沈約は梁朝の武帝即位に功労のあった建国の元勲であると同時に、梁代を代表す

る著名な文学者でもあった。家訓では、その沈約が文章を書く時に三つの「易い」を唱えていて、主題を理解しやすく書くこと、分かりやすい文字を使うこと、朗読しやすい文章にすることを挙げている。それを受けて家訓は

（前略）ここで邢《けい》子才君が毎度言っていたことを思い出す。

「沈侯の文章は故事を使っていても、読者にそれと覚らせない巧みさがある。それは丸で彼自身の胸の中から出てきた言葉のような自然さで書かれている。この点は誠に敬服にたえないところだ！」

と。

祖孝徴君もやはり、こんな風に私に話したことがあった。

「沈君の詩に、『崖傾いて石髄を護《まも》る』という句がある。これに故事が使ってあるように思えるかね？」

（顔氏家訓1　二二七頁）

と。という具合に二人が続いて登場して沈約の巧みさについて文学的な感想を述べている。

次の一三三段の「邢《けい》子才と魏《ぎ》収」でも祖珽がコメントを発している。顔之推は

邢《けい》子才君と魏《ぎ》収とは、共に非常に高名で時代の目標的人物であり、師匠とも仰がれた人たちである。

と書いた後に、邢子才は沈約を魏収は任昉《じんぼう》を、それぞれ賞美、敬服して止まず、激論を交わすことが常だったと説明し

（前略）祖孝徴君がある時私に、こんなことを言ったものだ。

「任昉と沈約の是非を言うことは、そのまま邢君と魏君の優劣を論ずることになるわけだよ！」

（同　二二九頁）

邢子才と魏収は北斉の文壇で邢魏と呼ばれ双璧と呼称された人物だが、子才は顔之推より三十五歳年上で七十歳ぐらいまで生きていたので交友の可能性はあるが、よく分からない。魏収の場合は五七二年に六十七歳で没したことが分かっている。こちらも顔之推よりも二十五歳の年長だが、親交があったことは間違いないようだ。その魏収がすでに登場しているのは勉学第八（第八章「学問論」一〇二段の「儒者どもの固陋《ころう》性」である。(Ⅱ)「魏収の腹立ち」という項目には

魏収《ぎ》が議曹（審議局）に在勤していた時分のことだが、諸博士（教授）たちと皇霊殿の制度について審議し、『漢書』を引証としたことがあった。博士たちは笑いを浮かべながら言ったものだ。

「『漢書』が経学の説を証明できるなんて、聞いたこともない話だね！」
魏収はそれを聞くと、むかっ腹を立てて、二度と口を開こうともせず、『漢書』韋《い》玄成伝のところを取り出すと、いきなり面々の前に投げ出して、さっさと出て行ってしまった。（後略）

（顔氏家訓1　一五〇頁）

とある。結局、博士たちはその不明を魏収に陳謝することになるのだが、魏収は注四にあるように

（前略）非常な勉強家で博学でもあったが、個性強烈で性急軽薄な言行が多く、負けぬ気が強くて人を馬鹿にする風があり、廻転が速くて辛辣《しんらつ》な毒舌で人をからかうので、嫌《きら》われ者となる傾向がある。（後略）

（同　一五二頁）

と書かれている。当時だけでなく現代でもまず嫌われるだろう。しかしその魏収と親交のあった顔之推は勉強家で博学という魏収の側面に関心を抱いたことは分かるが、特異な性向をどう見ていたのだろうか。意外に気が合ったのかもしれないとも思う。之推はかなり辛辣であり、毒舌家でもあったから。

魏収についてはもう一つ三章の北斉時代、顔之推が趙州功曹参軍という官職に就いていた時のエピソードに登場している。例によって「顔氏家訓」書証第十七（第十七章経史文字覚書集二二〇段「趙《ちょう》州荘厳寺

碑銘余談」）で顔之推がだれも読めなかった碑文の字を読み解いて魏収に聞かせたら「彼は大いに喜んでうなった次第である。」（顔氏家訓2　一二八頁）と明らかに自慢話をしている部分は前にも書いた。

また「省事第十二」（第十二章専心論一五八段「下手《へた》の横好き」）には次のような記述がある。

（前略）つい近頃、ある二人の中々の器用人がいた。何にでも興味をもって手がけてみる性格だが、さてどれも名取りという程のものではない。経学は人の問いに答えるまでには至らず、史学も討論ができる程には通じていない。文章は全集類などに収録できるのが一つもなく、筆跡も手元において鑑賞に堪えるものはない。占卜をたのめば六度に三度しか当たらず、医薬を相談すれば、これまた十度に五度しか治療が成功しない。（後略）　　　（同　一一〇頁）

と。以下、音楽、弓射、天文、絵画、碁、双六《すごろく》、鮮卑《せんぴ》語、錬金術などなど「何れも大体のことは知っているのだが、皆半可通の域を出るものではない。（後略）」と結論づけている。注四によるとこの二人とは祖珽と徐之才ではないかという説があるそうだ。しかし、どうだろう。祖珽は少なくとも絵と音楽と鮮卑語は相当うまいと定評があるし、徐之才は医術に秀でていると、それぞれ「北斉書」の伝にあるので、やや無理があるようにも思える。

さて顔之推の友人たちであるが、祖珽は北斉時代の上司であるし、魏収と邢子才は年齢的にかなり離れている。本当に友人らしい友人とは、やはり李徳林ではないか。かれについては四章で詳述しているので、重複は避けたい。それでは最後に之推にとって友人とも知人とも言い難い人物であるが、取り上げないわけにはいかないのが梁代の江陵時代の元帝だろう。五〇八年、梁の武帝の第七子として生まれた蕭繹は湘東王、荊州刺史、江州刺史などを経て、侯景の乱では梁軍の総司令、後に江陵で元帝として即位するが、西魏に襲撃され殺害される。二章で「顔氏家訓」勉学第八（第八章学問論）で元帝が老荘思想を深く研究している旨の文章を紹介したが、同じ章の一〇五段「元帝さまの御勉強ぶり」を読んでみたい。

梁の元帝さま（五五二―五五四）がある時、親しくお話しくださったことである。

「ずっと以前会稽《かいけい》郡に駐在していた時分（五一四―一二六）、身《み》はまだ十二歳になったばかりだったが、疾《と》くに学問の面白さは判っていた。その頃身はまた、かいせんに痛められ、拳《こぶし》も握れず膝《ひざ》も屈《ま》げられない程なので、身は人のいない静かな書斎に葛《くず》織りの蚊帳《かや》をつり、はえが来ないようにして、銀がめには山陰産の甘い酒を用意しておき、時々それをなめながら、苦痛を忘れることにしていた。こうして心のおもむくままに、独りで史書を読みふけり、一日に二十巻も読みあげたものである。もとよりまだ師匠について学んだことはないので、間々一字が読めず一語の意味が判らないこともあったが、必ず何度でも自分で同じ所を繰り返し読んで、一向に倦《あ》きもしなかった次第である」と。（後略）

（顔氏家訓1　一六五、一六六頁）

という具合である。顔之推は元帝を一貫して追慕している。元帝は少年時代に眼疾のために隻眼となったというが、この時期はどうだったのだろう。いずれにせよ勉学好きの元帝は裴子野、劉顕、蕭子雲などとの碩学と深く交流し、若き顔之推をも大いに愛したようだ。

# 七章「顔氏家訓」とは何か

業以整齊門内、提撕子孫
（私がこれを書いた主旨は、我が家の家族生活が常にきっちり整っているように、我が手で我が子孫を教導しておきたいという以外にはなかった。）

「顔氏家訓」序致第一

## 家訓とは何か

「顔氏家訓」とは何かを書く前に家訓とは何かについて、守屋美都雄の「六朝時代の家訓について」（「日本學士院紀要」）に触れてみたい。

（前略）「家訓」の語が史籍に出てくるのは、私がいままでに知りえたものとしては華陽国志巻一一西州後賢志に蜀郡の太守巴西の黄容、亦た述作を好み、家訓・梁州巴紀姓族・左伝抄凡そ数十篇を著わすとあるのが最も古いようである。黄容のことは、（中略）東晉ごろの人かと思われる。黄容の家訓を除けば私共はどうしても顔氏家訓に飛ばなければならない。黄容の家訓は現在に伝わつてもおらないから、顔氏家訓が家訓の祖だというのは極めて尤もなことである。しかし、もし私共が「家訓」という文字だけに拘泥せず、（中略）子孫を訓戒する目的の下に語られ、または書かれたもの一切を家訓の概念の中に包含するとするならば、家訓の源流は一層古く溯り、家訓的な意味をもつ言葉や書物で今日に伝わるものも、ややその数を増してくる。私はいま、家訓の内容を一応拡大させて、家誡・誡子書・遺言・遺令・与子書・与子姪書・遺疏・遺命・幼訓等をもそこに含めて考察してみたいと思う。（後略）

そして家訓を漢代、魏晉時代、南北朝時代の三つの時代に区分している。要約すると漢代では史料が少なく、「史記」巻一二九「貨殖伝」中の「任公家約」が前漢半ばに作られたとされる。同じ「史記」の巻一二六「滑稽列伝」中に書かれた武帝時代の東方朔には我が子を戒めた言葉が残っている。また後漢には「後漢書」巻六五「鄭玄伝」にも子を戒めたかなり長文の文章が残されている。また文中に鄭玄自身の自伝が書かれており、六朝の家訓の先例になるものだという。また鄭玄本人が文書で子供に与えたという形式はこれが初見で、後の戒子書の嚆矢となるものである。このような漢代の家訓には国家を意識したものが特徴的だともいう。鄭玄の誡子書については吉川忠夫の東洋史研究第五十四巻第三號の「梁の徐勉の「誡子書」」に出て来る。これは後漢の大儒である鄭玄が一人息子の益恩に与えたもの。

(前略)―今年になってすでに七十歳である。素志はめっきりと衰え、へまばかりやらかし、禮典にてらせば家督を譲るべきなのだ。今ここにわしは汝に老人宣言をし、汝に仕事を譲り渡すこととする。閑居して心も安らかに、沈思して學問をやりとげ、國君の命を拝受するとか、親族の弔問に出かけるとか、墓參に出かけるとか、ピクニックに出かけるとか以外には、杖にすがって外出することはあるまい。何くれとない家政は、汝がいっさいひきうけてくれるように。

そしていかにも儒者らしく、おだやかな調子で訓戒を垂れている。

―ああ、汝は孤獨な一人ぼっち、頼りとすべき兄弟はいない。身をひきしめて君子の道を求め、研鑽して怠ることなく、態度マナーを敬虔愼重にして有德者に親近するように。輝かしい名譽は朋輩によって完成されるもの、德行は己れ自身の志によって確立されるものなのだ。もし名聲評判をかちとるならば、それは生みの親にとっての光榮でもあるのだ。深く考えてみないでよかろうか。深く考えてみないでよかろうか。わしは大禮服に身をつつむ高位高官とは縁がなかったが、爵位を辭讓する高潔さはいささか持ちあわせている。みずから樂しみとするところは古典を論評し贊述する仕事であって、後世の人間として恥をのこすことがないようにと念じている。この期に及んで心おだやかでないのは、亡き兩親の墳墓がいまだ完成せぬこと、愛着のある多くの書物があらかたぼろぼろになり、講堂において書寫し定本を作ったうえしかるべき人間に傳えられなかったこと、ただそれだけである。人生のたそがれ時を迎え、見果てぬ夢となってしまった。家族は現在、昔にくらべていくらか多くなったが、勞働にはげみ農事につとめるならば、飢え寒さの心配はあるまい。食事をきりつめ、衣服を質素にし、この二つを節約するだけですら、わしには心配ごとがなくなるのだ。もしうっかり忘れて氣づかぬようなら、困ったことである。

と言っている。一人息子の行く末が心配なのだろう。いろいろとアドバイスをしている。それから両親の墓が完成していないのを嘆いている。顔之推がそうだった。

次に元に戻って魏晋時代の家訓について。漢代よりも目立って多くなっている。三国志の魏の時代では王脩の「誡子書」、殷褒の「誡子書」、魏文帝の「誡子の語」、文帝の「酒誨」、王粛の「家誡」など、有名な蜀の諸葛亮の「誡子書」、向朗の「遺言」など。晋代では羊祜の「誡子書」、杜預の「遺令」、王祥の「遺令」などほかにも存在する。この時代の誡子書の多くは漢代の国家への奉仕という考えよりも自らの身をまっとうすることに主眼が置かれている。また人物批評や社交のあり方、酒の飲み方についても多く語られている。

さらに南北朝時代の家訓を見ると、前にも述べた宋の顔延之の「庭誥」をはじめ、雷次宗の「与子姪書」、王僧虔の「誡子書」、梁の徐勉の「誡其子崧書」、北魏の甄琛の「家誨」、張烈の「家誡」、そして北斉の顔之推の「顏氏家訓」など次々に誡子、家誡、家訓が登場してくる。甄琛の「家誨」は二十篇から成り後続の「顏氏家訓」と同じ篇数である。この時代は以前とまた異なって、国家や家族間の道徳、倫理について教え諭す傾向が見られるようだ。ただし北朝では国家への奉仕が強調されるが、南朝ではより個人の問題にかかわる提言が特徴的だ。

## 数倍も努力して。王僧虔の「誡子書」

宋の王僧虔の「誡子書」については安田二郎の「王僧虔「誡子書」考」（日本文化研究所研究報告　東北大学文学部附属日本文化研究施設編）に詳述されている。王僧虔は四二六年生まれ。彼には少なくとも九人の子供があって、彼らから送られた手紙に対する復信の手紙が「戒子書」だということだ。そのことが戒子書の成立時期とともに「むすびにかえて」に出て来る。

「南斉書」巻三三王僧虔伝所載の「誡子書」は、湘州行事赴任中の王僧虔が、四七一（泰始七）年五月から四七二（泰豫元）年五月までの一年の間に――恐らくは四七二年前半――、京師・禁中里馬糞巷の邸宅に残留する子供たちからの手紙に対して、書き送ったその返書と考えらるべきこと――本稿で論じたところの内容は以上につきる。（後略）

となっている。さて肝心の「誡子書」の内容の冒頭の部分を著者の訳文で紹介してみよう。

お前たちはもう充分に勉学を果たしたとわしが認めないのが、お前たちは大層口惜しくて、反省して一層努力し、これからは死ぬまで勉強はやめないつもりとか、もっと立派な政治の仕事を択びたいとかとのこと、まずは激しい意気込みで、おいぼれの身を安心させてくれる。そうとはいっても、わしはただこのような声高なおしゃべりをいつも耳にするだけで、その実際をみたことがない。(お前たちは)先生につき従って、しっかりと先生のお言葉をおききし先生のされることを自分の目で確かめるようにさせて下さいとのことだが、これも口先だけのことでないようただ願うばかりだ。わしは何の理由《ワケ》もなしにお前たちを信用しないというのではないのだ。(中略)

と。以下、子供たちに例えば「易」や「老子」「荘子」などにさまざまな論点があるが、一体どれだけ分かっているのか。まったくといっていいほど知らないではないかと迫ってくる。それでもいっぱしの清談家を気取っているようでは危なっかしい態度であると。そして次のように訴える。

(前略)お前たちはもういい大人になってしまったのだから、数倍も努力して、かつかつわしに及ぼ

うかというものだ（後略）

と。

王僧虔が子供たちにこれだけのことが言えるのは、もちろん自身も認めているように幼少のころから書物を手放さず勉学に勤しんできたという自負があるからであろう。それに王僧虔といえば琅邪臨沂（山東省）の王氏の出身であるから名門中の名門だ。それ故に子供たちは〝親の七光り〟でちやほやされることも多いだろう。しかし親が亡くなれば、また世間の風向きは変わる。だからこそしっかり勉強していれば軽く扱われないことを強調しているのだろう。

## 人を先に立てて。徐勉の「誡子書」

続いて梁の徐勉の「誡子書」に移ろう。先に紹介した吉川忠夫の東洋史研究「梁の徐勉の「誡子書」」では後漢の鄭玄が登場していたが、論文の主役はもちろん梁の徐勉である。冒頭の「はじめに」にこうある。

梁の徐勉が息子の崧に與えた「誡子書」は、江南の一顯官の家政の一端をうかがううえでなかなか興味深い内容の文章である。『梁書』巻二五ならびに『南史』巻六〇それぞれの本傳が載せるところの一千字餘りからなる「誡子書」を考察するに先立ち、本傳その他にもとづきつつ、人名辭典風にごくごく簡單に徐勉の經歷について述べておくならば──、徐勉、字は脩仁。東海郯（山東省郯城）の人。劉宋の泰始二年（四六六）に生まれ、梁の大同元年（五三五）に卒した。享年七十歳。梁初の天監二年（五〇三）、宰相の范雲が卒すると、尙書左丞であった徐勉は大先輩の沈約を飛びこして右衞將軍の周捨とともに國政に參畫（『南史』巻三四・周捨傳）。それ以後、天監六年（五〇七）には吏部尙書、十八年（五一九）には尙書右僕射、大通元年（五二七）には尙書僕射・中衞將軍に進み、中大通三年（五三一）には特進・右光祿大夫を加えられ（『梁書』巻二と巻三・武帝紀）、梁代の宰相といえば「范徐──范雲と徐勉──」と稱されるならわしであった。（後略）とある。最後の中大通三年（五三一）といえば顏之推が生まれた年でもある。まさに大先輩だ。

　続いて「（前略）徐勉の「誡子書」はおよそつぎのように書きおこされている。

──わが一家は代々清廉であって、それ故、常に貧しく質素な暮らしをつづけてきた。理財に關することがらは、かつて口にしたためしとてなく、手を着けなかったというだけではないのである。とるに足りぬ自分が時のめぐりあわせで今日にまで至り、高い官位と手厚い俸祿とはすでにこと足れりというべきであろう。これほどまでの身分不相應はわが才能によって手にしたものなのであろうかといつも考えてみるのだが、それというのも、御先祖の家風家訓と幸運のおかげで今日があるわけだ。古人の言葉に、「清白を以て子孫に遺《のこ》すは亦た厚からずや」とある。また、「子に黃金滿籯を遺すは一經に如《し》かず」とある。これらの言葉をしみじみ味わってみると、なるほど空言ではない。わしはふつつか者ではあるが、まことに信念があるのであって、これらの言葉の理念を遵奉し、地に墮ちざらしめないようにしたいと願うのだ。かくして顯貴の身分となって以來、三十年近くになろうとするが、門人や友人たちがしきりにうまい話をもちかけ、莊園の開發を行わせようとしたり、倉庫業の開設をすめたり、廻船業をやらせようとしたり、金融業をやらせようとしたりしたものだが、これらの萬事をすべてはねつけて聞きいれなかった。（中略）ひとまず面倒は御免こうむりたいと願った次第である。

（後略）」

とある。

お金を持った人の所にはいろいろな人が集まり「これは絶対有利な投資だから是非やってごらんなさい」と言い募るのだろう。ただし徐勉は息子たちに金が入用になった時には用立ててもいる。

（前略）かく徐勉は、東田の小園の賣却金百金の半ばを慧日と十住のための屋敷の建築資金に充當し、のこりを長子の崧に與えて姑孰に田地を買得させるとともに、それを機に家長の地位をも崧に譲ることとしたのである。（後略）

さらに誡子書の末段で次のように家長の心得を書いている。

―およそ人の長として立つことは、まったくもって容易なわざではない。内外のものをしっくりと和合させ、他人をして陰口をたたかせないようにしなければならず、人を先に立てて自分は譲り、このようにしてこそ始めて貴いのだ。老子も「其の身を後にして身先んず」（七章）と言っている。もしこのようであり得るならば、いよいよのこと巨利を招くであろう。汝はわが身をひきしめ、すぐれた人物に出會ったならばそれと同じようになりたいと思うべきであって、なおざりな氣持で毎日を無駄にしてはならぬ。そんなことでは毎日を無駄にするだけではなく、わが身を無駄にすることにもなるのだ。（後略）

と諭している。

最後に、自らがいささか齢をとったので、今後は季節の良いときは池で魚を眺め、林では鳥の囀りを聞き、気がむけば濁り酒を一杯やったり、琴を奏でたりして気ままにしていたいから、その辺よく分かってほしいと結んでいる。

## 四つの戒め。楊椿の「誡子書」

北魏末の楊椿の「誡子書」にも触れたい。楊椿は弘農郡（河南省）の出身で、長兄の播と椿、順、津の四人以外にさらに四人いて、八人兄弟だったようだ。しかし北魏末には四人のみになったが、いずれも大官になった。谷川道雄は「「中国中世社会と共同体」第Ⅲ部「士大夫倫理と共同体および国家」」の第一章「北朝貴族の生活倫理」（国書刊行会）の中に楊椿と誡子書について書いている。

（前略）五二九年、北魏の太保楊椿《ようちん》は孝荘帝に致仕を願い出て許された。帝はその手を握り、涙を流して訣別を惜しみ、羽林兵に命じてその郷里華陰までの行路を護衛させた。公卿百官も洛陽城西の張方橋まで見送ったが、その送別の盛んなことは、道行く者の眼をみはらせるものがあったという。時に北魏国内は動乱のさなかである。往く者、送る者の胸中は、それぞれに思いが去来していたであろう。出発にあたって、椿は子孫に訓戒を与えた。『魏書』巻五八楊播伝に、その言葉がかなり詳細に収められている。

そして以下に著者による訳文が続く。

—わが家は、北魏治下にはいったさい（楊氏が北魏に仕えるようになったのは初代皇帝道武帝のときからである）、上客の待遇を受けて田・宅を給せられ、奴・婢・馬・牛・羊を賜って、そのおかげで富室となることができた。以来今日まで二十《ママ》年、郡の太守や州の刺史をつとめる者があとをたたず、俸禄やご下賜の品も甚だ多かったので、親戚・知己の慶弔のさいには必ず手あつい贈物をすることを忘れず、往来する賓客たちにもきっと酒や肉をふるまったものだった。このため親戚・知己から何ひとつ文句をいわれたことがないのだ。（後略）

とある。

続いて祖父が質素を旨とし、金儲けや必要以上の財産を作ること、権勢の家と通婚することを禁止していたことを述べ、しかし今の子供たちにはその「恭倹の徳」が昔ほどでなくなってきたことに注意を促している。さらに続けて。

—また、われわれ兄弟は、家にいる時には、きっとひとつの皿からとり分けて、いっしょに食事をしている。もしだれかが近在に出かけている折には、必ず帰りを待ってやることにしている。食事時をすぎても空腹をこらえて待っている。われわれはもと八人兄弟だったが、いま生きている者は三人だけになってしまった。だから別別に食事をするに忍びないのだ。それからまた、われわれ兄弟が世にあるうちは、別居したり財産分けをしたり［異居異財］すまいとねがっている。（中略）ところがおまえたち兄弟は、ときには別室でひとり食事をとる者があるそうだが、このこともわれわれの世代に及ばぬところだ。（後略）

ここで兄弟が三人になってしまったとあるが、この時点で長兄の楊播は亡くなっている。椿はなおも処世でのあり方を述べる。

（前略）われわれ兄弟は、軽卒なことばはつつしもうと互いに戒めあい、十余年間一度として人の過ちを口にすることがなかった。（中略）わしが大官を歴任し、［弟の］津も今また司空を拝命することができたのは、ひとえに小心翼翼として口をつつしみ、一度も人の欠点をあげつらわず、貴賤の分けへだてをせず、誰にも礼を以て接してきたためなのだ。

—しかるにおまえたちは、いまの世の風潮をまねて、腰をかけたままで客を迎える者あり、権勢の門に出入りする者あり、軽々しく人の欠点をあげつらう者あり、また、羽振りのよい人間には丁重にするが、地位の低い人間はないがしろにする者があると聞く。こんなことは人の行ないとして最低のことであり、立身に当たって致命的欠陥となるものである。（後略）

と強調している。そして最後に七十五歳の楊椿は以下のように結んでいる。

わしは今年七十五歳になるが、まだ天子にお仕えするだけの気力は持っている。それがいまこうして懸命になって隠退のことを願い出たのは、まことにおまえたちに天下満足の精神を認識させ、これを一門の規範としたいがためなのであって、何もいたずらに名声を求めんとするのではないのだ。おまえたちがわしのことばをよくおぼえておいてくれれば、わしはもうこの世には何の心残りもない。

著者は全体の主旨を四点に要約している。⑴俸禄その他の財産を親戚・知己に惜しみなく散ずること、⑵服装・車馬・住居などの倹約につとめること、⑶兄弟間の和睦につとめること、⑷時の権門勢家と結ぶことを避け、人の欠点を言わず、貴賤にかかわりなく礼を以て接すること。

これを読み、また今までに読んできた「誡子書」を振り返ると、顔之推が尊敬して止まない靖侯様こと顔含の教えと重なる部分が多いように思われる。之推自身もこのような伝統を受け継いで長大な「顔氏家訓」を書き上げたことが推測できる。

## 日本の家訓

日本の家訓について平凡社東洋文庫の「家訓集」(山本眞功編註)は四つに分類している。皇族・公家、武家、商家、農家のそれである。

皇族・公家の家訓では例えば平安時代の「寛平御遺誡《かんぴょうのごゆいかい》」は宇多天皇(在位八八七〜九七)が八九七年に皇位を皇太子敦仁親王(後の醍醐天皇)に譲る際に与えた訓戒書だ。武家の家訓では「極楽寺殿御消息《ごくらくじどのごしょうそく》」は鎌倉時代の北条重時(一一九八〜一二六一)が一二五六年に出家して極楽寺を建立し、その没年に近い時期に書いたものらしい。以下よく知られているように戦国時代の武将や江戸時代の藩主が多い。また商家の家訓としては戦国時代末期の博多の豪商の島井宗室が「島井宗室遺言状《しまいそうしつゆいごんじょう》」を孫に残している。もちろん江戸時代にはほかにも豪商がさまざまな遺訓、家訓を書き残している。農家の家訓で有名なのは「吉茂《よししげ》遺訓《いくん》」だ。現在の栃木県生まれの田村仁左衛門吉茂(一七九〇〜一八七八)は独特の農法を「農業自得」として著わした〝農聖〟として知られている。

また講談社学術文庫の「家訓」(小澤富夫訳)には先に紹介した商家の「島井宗室遺言状」と「三井高利遺訓」を除いてはすべて武家の家訓で、北条早雲、武田信繁、毛利元就、黒田如水、同長政、加藤清正、保科正之、徳川光圀など二十人近くのそうそうたる武将の家訓が現代語訳されている。さらに北原種忠の

「家憲正鑑」（家憲制定会）を見ると、これら有名・無名を問わず、おびただしい人物が家訓を書いていることが分かる。

このような日本の家訓の前に先程から見てきたような中国の家訓、「誡子書」がすでに連綿と書かれ続けてきた。宋の陳振孫は「直斎書録解題」で「顔之推の顔氏家訓こそが家訓の祖である」と主張している。顔之推より前に書かれた「誡子書」の類は残っているものの家訓という形では「顔氏家訓」が最古であり、また内容が豊富で量的にもずば抜けて多いのも事実である。今まで各章で「顔氏家訓」を主な手引きとして顔之推の評伝らしきものを書いてきたつもりだ。そろそろ家訓の祖としての「顔氏家訓」そのものに焦点を当てて考えてみたい。

## 「顔氏家訓」とは何か

顔之推は序章でも書いた通り、五三一年（梁武帝中大通三年）の生まれであるが、没年ははっきりしていない。五九〇年説があるし、五九一年説は多い。それも？マーク付きの場合もあれば、確定的なのもある。五九一年から一年、二年、長くても三年ぐらいで亡くなっているとしている論者もある。確かに「顔氏家訓」の「終制篇」で自ら六十餘歳と書いているので、それほど長く生存している根拠は低い。

また執筆期間は短期間ではなく、ある程度の長期に渡って書かれたものだという意見が多い。顔之推の故国の武帝の梁は侯景の乱で都の建康を破壊され、元帝の江陵では西魏に滅ぼされ、逃亡した先の北斉が北周に破れて北斉の官人の多くが北周に連行され、その北周も隋になったわけだ。今までに見てきたように、この顔之推の生涯で青年、壮年期の二十代後半から四十代後半の約二十年を過ごしたのが北斉であったことを忘れるわけにはいかない。官人としての仕事も家庭内の立場もほぼ油の乗りきった時代であったことは間違いなかろう。この北斉時代と梁代とを比べ、その士大夫の様子や男女差については大きな関心をもって書いていたことは強く伝わってくるのだ。顔之推にとっても一番懐かしく、同時にやりがいのあった時代だったのかもしれない。家訓の編纂も主に之推が北斉で黄門侍郎となった四十数歳以降のことらしい。

「顔氏家訓」は全部で二十篇から成っている。序致第一から始まり、教子第二、兄弟第三、後娶第四、治家第五、風操第六、慕賢第七、勉學第八、文章第九、名實第十、渉務第十一、省事第十二、止足第十三、誡兵第十四、養生第十五、歸心第十六、書證第十七、音辭第十八、雜藝第十九、そして終制第二十の以上二十篇である。

## 一番書きたかったのは「勉学第八」

この「顔氏家訓」の中で顔之推が最も子孫たちに伝えたかったのは、おそらく「勉学第八」ではないかというのが、ほぼ衆目の一致するところではないだろうか。他の篇に比べて力の入れ具合といい、その量の多さからいっても抜きん出ているように思える。今まで見てきたように宇都宮清吉の「顔氏家訓」では「勉学第八」であれば第八を八章として「学問論」と名付け、さらに内容別に「小見出し」ともいえる段を設けている。例えば前に紹介した段では一〇五段の「元帝さまの御勉学ぶり」や一〇八段の「長子思魯《しろ》に示す学問論」などがある。

ここには書きたい家訓が数多くあるが、書き出すときりがないので是非とも紹介したい段の、それも一部だけにとどめたい。まず九〇段の「勉学は誰にも必要なもの」では、

(前略)そもそも人間は生まれてきた以上、当然に何かの仕事を持つべきなのである。」と言う。しかし何事も中途半端で、結局何の実力を持ち得ない人もあるとした上で「(前略)酒食の欲望に身を任せ、為すこともなくぼんやりと日を消し、年を過ごしてしまうのである。(中略)何かの祝い事だとか凶事だとかいった国家や人生行路の大事に出あって、いざどうするか判断を下す必要に迫られても、さてどうしたものか、さっぱり見当さえつかず、口あんぐりのまま、丸で五里霧中に座らされたような恰好《かっこう》である。(後略)

(顔氏家訓1　一一八頁)

とある。次の九一段の「梁《りょう》朝全盛期の貴族ども」では「侯景の乱」以降、門閥だけに頼って勉学を怠って

きた人間の末路を描く。

梁朝（五〇二〜五六）御全盛の時代、王公貴族の有閑子弟ども、多くは学問の素養が欠けていた。だから、「車から転《ころ》げ落ちなきゃ著作さま、『御機嫌如何《いかが》？』と書けりゃお秘書さま」という諺さえある程のものだった。（後略）。（同　一一九頁）

そして結末は

（前略）空《むな》しく突立つ枯れ木にも似、なけなしの小川の水の如くにも干《ひ》からびて、軍馬のはせめぐる中をうろちょろした揚句の果てには、溝《どぶ》のふちに行き倒れの骸《むくろ》をさらすというのが落ちだった。そうったら最後、誠に始末におえない「ぐうたら」という他《ほか》はない次第だったのである。（同　一二〇頁）

なかなか痛烈である。文中に出てくる「著作さま」は著作佐郎、「お秘書さま」は秘書郎という官名で、いずれも貴族の子弟が初めて任官する際に最も人気があり、かつ以後の出世が約束された役職であった。この部分は梁代の貴族を象徴する事実として、多くの論文に登場している。九三段の「読書の功徳《くどく》」では之推の持論が展開されている。

（前略）父兄はいつまでも頼りになるとは限らない。故郷の一族だって国家の制度だって、常に保証になってくれるとは言えたものでない。一旦さすらいの身となれば、誰しも援護してくれる人が必ずあるというわけのものではなかろう。おのずから自分で自分の生活を守る他《ほか》はないことになるのだ。諺にも、「山と積んだ身代より、つまらぬ芸が身の助け」といっているではないか。

（顔氏家訓1　一二三頁）

最後のこの諺は注一の『太公家教』一巻にある「積財千万……不如薄芸随軀」から引用したらしい。直訳すると、千万の銭を積むことは一経を明確に理解するのに如かず、同様に良田が千傾あっても薄芸を身に着けることに及ばないということか。特にその後半は俗にいう「芸は身を助ける」とは似ているようで大分ニュアンスが違うように思える。何とも面白い諺だ。話はまだ続く。

ところで芸の中でも習い易くてしかも貴重なのは、読書術に及ぶものはない。確かに世間の人々は馬鹿も才覚もおしなべて、勝れた人物の業績、参考になる事物を少しでも多く幾らかでも広く識《し》りたいものだとの欲求を抱いてはいる。それだのにどうしたことか、読書によってこの欲求を満たそうとは試みないのである。これは恰《あたか》も腹が空いたと思いながら、料理の支度に取りかかることをおっくうが

るのと同じではないか。(後略)

(同　一二三、一二五頁)

と訴えている。そして最後に

(前略)実に読書こそは、天地も納めきれず神々もかくしきれない諸々の事象を細大もらすところなく教えてくれ、説き明かしてくれるものなのである。

(同　一二五頁)

と絶賛している。

ただし九七段の「学問などしないがまし」では中途半端な〝学問〟を唾棄している。

学問とは、人間として不足している点を充足させるために修めるものなのだ。しかるに世間には、数十巻ばかりの本を読んだからって、鼻にかけて高慢ちきになり、先達の人々を小馬鹿にし、同僚たちを見下げたりする男がよくいるものである。こんな男は人々から仇敵のように憎まれ、悪鳥のように嫌がられる。学問したばかりに、こんな風に駄目になってしまうくらいなら、寧《むし》ろ無学だったままの方が、よほどましというものである。

(同　一三九頁)

と書いて高慢ちきを戒めている。
また一〇〇段の「晩学のすすめ」も是非読んでほしい。之推が七歳の時に暗誦した「霊光殿の賦」は今日まで覚えているが、二十歳を越えて暗誦した経典はひと月もおさらいをしないと忘れてしまうと言って若年からの勉学の大切さを強調する一方で、次のように述べている。

(前略)人間にはスランプに陥るということがあって、壮年時代を空費してしまうが、それでもなお晩学はすべきであって、決して「諦めたり、」棄《す》ててしまったりしてはいけない。孔子さまが、「五十にして学ぶも、易《ま》た大過なかるべし」とおっしゃっている。(中略)曾子は七十にもなって学問を始め、天下に名をはせた。荀卿《じゅんけい》は五十にして始めて斉《せい》に遊学し、そのうえ大学者になった。(中略)世間の人には、成年となり婚期がくるまでに学問していないと、もう今さらでもないと言って、ぐずぐずしながら前の壁を突き破ろうとしないのが多い。しかし、これは馬鹿者と評する他《ほか》ないものだ。もとより幼くて学ぶのは、日の出の光の中を行く如く、老いて学ぶは行燈《あんどん》を持って暗《やみ》の中を行く如きものではある。それでも、目を閉じたまま物を見ようともしない連中よりは遥かに賢明である。
(顔氏家訓1 一四一、一四二頁)

どうだろう。特に最後の行では晩学は若い時の学問と違っておよそ心細いものだが、それでも何もしようとしないより数段賢いと言っている。筆者のように七十歳近くになると、このような言葉に触れると心を動かされる。まだまだ紹介したい段はいくつもあるが、最後に一〇六段の「苦学した人々」を掲げてみよう。

昔の人は学問を修めるのに、種々苦心した。錐《きり》を股《もも》に刺して睡魔と闘《たたか》った人。斧《おの》を空中に放り上げて学運の有無をうらなった人。雪の日の窓あかりで読書した人。蛍《ほたる》の光を集めて本を読んだという人。耕作の間にも経典を手放さなかった人。羊牧《か》いのひまに、蒲《がま》のくきを編んで文章を写した人。さても皆々大変な勉強ぶりである。（後略）

（同　一六六、一六七頁）

とある。

注によると錐で股を刺したのは戦国時代の遊説家で有名な蘇秦（出典は戦国策）、斧を投げて枝にかかって落ちて来なかったら成功の運があるとして実行したのは文党（太平御覧）、雪の日に読書したのは孫康（同）、蛍の光は貧しくて燈油が買えなかった車胤（晋書）、耕作の時は児寛（漢書）、羊飼いは路温舒（同）という人物らしい。

池田恭哉の「顔之推の學問における家と國家」によると、「顔氏家訓」の中で「勉学第八」は分量が最も多く、学問の大事さを力説していると認めた上で「顔氏家訓」の意義は二点あるという。

（前略）第一の意義は、あくまで自らの學問に據って國家のために立つことに拘る士大夫像を提示したことである。（中略）また顏之推は、そうした士大夫が備え國家に活用すべき學問の在り方と、それに對する姿勢を、自らが家庭の中で教え示すことにより、まずは息子が、そしてさらにはそれを繼承する形で子孫が、治國に參畫する有益な士大夫として育っていくことを企圖した。つまり獨自の裁量により士大夫における學問の在り方を教育する場としての家の存在意義を見出したのであり、このことが第二の意義である。（後略）

（「中國思想史研究」第三十一號　京都大學中國哲學史研究會）

とある。

そして結論は

（前略）以上の二點に集約的に示されるように、顏之推は、自身が學問を事として屬する國家へ奉仕する顏家の士大夫であるという、強力な自負を有していた。そしてその自負を家で教示することで、息子たちはもちろんのこと、後世の顏家の者たちにも繼承していってもらい、顏家の者がいつの時代にも學問を根據に士大夫として生きることを希求した。その希求が『顏氏家訓』に語られているということこそ、「顏氏家訓」の家訓たる所以なのである。（後略）

と結んでいる。

もう一つ「勉学第八」に関連して谷川道雄は「中国中世社会と共同体」（国書刊行会）で顔之推の学問観に触れている。

（前略）顔之推は（中略）つぎのように述べる。「夫れ読書学問する所以は、本より心を開き目を明らかにし、行いに利あらんと欲する耳」（「顔氏家訓」勉学篇）。すなわち、知の開発（開心明目）によって人びとをよく実践（行）へ赴かしめるもの、それが読書・学問の意義なのである。かれは、知識のみあって実践の伴なわない読書家を非難し、読書が実践につながるべきことを強調している。だが、知と行とはどのようにしてつながるのであろうか。（中略）

以下、親不孝であった者は親孝行であった古人の事蹟を読書によって知り、今までの自分が恥ずかしくなって以後親の孝養を尽くすようになり、同様に贅沢三昧だった者は質実に、乱暴であった者は寛容に、臆病だった者は勇敢にという具合に反省して大きく変わっていくことを記している。さらに続けて。

（前略）古人の行いによって自己の人格の至らなさを知り、そこに痛切深刻な反省を体験することによ

って、その実践へ踏み出してゆくことにある。つまり、知は一種の回心を通じて行へ転移するのである。（後略）

心からの反省によって知と行の合一、知行合一を説いている。

## 文才のない者は書くな。文章第九

筆者が「顔氏家訓」を読んでいて個人的に一番受けたのが「勉学第八」の次の篇「文章第九」だ。平凡社の「顔氏家訓1」では「第九章文章論（文章第九）」である。この二二三段には「馬鹿者大売出しのビラ」という見出しが付いている。以下に引用してみよう。

学問をする人には、自《おのずか》ら鋭敏なのと鈍根なのとがあるものだ。文章を作るにも、生まれついての巧者とそうでないのがある。鈍根でも学問の方は蓄積してゆけば、しまいには精緻《ち》円熟の境に達するけれども、文章のまずいのは一生懸命努力したって、結局は見られたざまでないものができ上がるが落ちということになる。

（顔氏家訓1　二一二、二一三頁）

学問をする人と文章を作る人とに分けた場合、学問は蓄積が可能なので時間をかければ高い水準まで上がるが、文章書きは才能なので努力しても無益だと一刀両断にしている。これには異論もあるだろうが、現代の普通の書き手にはなかなか言えないせりふではないだろうか。訳文は、さらに続く。

ただし、「学問を修めた人」となれば、それだけでも「人間らしくある」のには十分なのだから、「天才がない」ことが判っているのだったら、何も無理してまで筆をひねくることはないのだよ。ところが世間には、どう見ても文才も詩心もありそうにないのに、「我が文章こそは清げにも花やかなるかな」とばかりにうぬぼれて、二目と見られぬような作品をふりまわしてござる仁も中々に多いもので、私は常に思い知らされている次第なのだ。江南（南方）では、こういう作品を詅癡符《れいちふ》（馬鹿者大売出しのビラ）と言っている。（後略）（同　二一三頁）

注一によると詅癡符の詅とは「自分でほめて売りこむこと」なので、文字通り「馬鹿者大売出しのビラ」という意味になる。それにしても痛烈ではないか。この後、後略とした部分では自分の文章にうぬぼれた男が妻の諫めも聞かずに嘆息する様子を「馬鹿は死ぬまで治らぬ病い」と断言している。顔之推はそもそも「学問」がない、加えて「文才」もない人間が文章をひねくり回すことは「恥をかく」だけなのだから、やめておくべきなのだと言いたいのだ。学問、文才ともにない筆者はこの箇所を読んで大笑いして、是非顔之推の評伝を書いてみたいと決意したものである。

試みにこの詒癡符の部分の訳は他の本では、どうなっているのか。徳間書店の「いま蘇る処世知の真髄 顔氏家訓」（久米旺生／丹羽隼兵／竹内良雄編・訳）では「馬鹿大売出しの宣伝ビラ」であるし、明徳出版社の中国古典新書の「顔氏家訓」（宇野精一）では「馬鹿売り出しの看板」となっている。論文の同じ箇所の訳を見てみると平凡社中国古典文学全集32 歴代随筆集「顔氏家訓《がんしかくん》 高橋君平訳」では「バカの看板」で、玉川大学出版部刊の「中国教育宝典下 顔氏家訓 山田勝美訳注」では「ばかのひきふだ」と訳されている。いずれにせよ馬鹿ないし馬鹿者を自から売り出し宣伝するビラか看板かひきふだであるということで一致している。ここまで言われれば納得せざるを得ない。

話が長くなった。この文章論では文章制作法其の一、二、三があるし、文章制作で避けたい用語の其の一、二、三、四がある。関心のある向きは是非読んでもらいたい。この文章第九も、勉学第八に劣らず力が入っているという印象だ。

## 母に鞭打たれた王僧弁

「教子第二」の第二章「子弟の教育」の五段に「王僧辯の母とある秀才学士の父」がある。

梁《りょう》朝（五〇二〜五六）の大司馬（陸軍大臣）王僧辯の母堂魏《ぎ》夫人は、大変に厳格な方だった。彼が兵力三千を率いて湓《ほん》城の守備隊長だった時分は、年もすでに四十歳を越えていたが、母堂は彼のやり方が少しでも気に入らないと、容赦《しゃ》もあらばこそ、鞭《むち》でうちすえるのだった。彼があのような大功績を打ち立てたのも、誠に故なしとしないわけである。（後略）　（顔氏家訓1　一一頁）

王僧弁といえば、侯景の乱の終盤で陳覇先とともに侯景を追い詰めた、あの将軍だが、後に覇先に倒されたことは一章で前述した。四十を越えて母に鞭打たれる将軍も辛いところだ。この話の後、秀才である息子を持つ父親が「見当ちがいの教育」つまり、とことん甘やかしてしまったので、すっかり駄目息子になって、最後は他人の怒りを買って殺されてしまったと書いている。ここに子供には甘やかしより厳しい鞭が必要という顔之推の持論が出て来る。しかし王僧弁は侯景の乱で功績を挙げたものの秀才同様に最後には殺されてしまったので、両者の出来、不出来の比較としてはやや無理があるように思えるのだが。

## 恥を知る人、顔之推。顧炎武の「日知録」

同じ「子弟の教育」の九段「おかしな子弟教育」は多くの論文で紹介されている。今村与志雄の「余地を見る思想―『顔氏家訓』について―」（「文学」１９６７・３ｖｏＬ35）には

（前略）北斉の時代、漢人が鮮卑語に通ずることは仕臣の近道であった。漢人で鮮卑語を学ぶ者は多分少なくなかったにちがいない。だが、顔之推はわが子に向ってこう話している――

斉朝のある士大夫が、私にこう話したことがある。「私の息子は十七になりますが、読み書きがいくらかできますので、鮮卑語の稽古をさせ、琵琶の弾き方をしこみ、いくらか心得させたいと思っています。こうして顕貴の方にお仕えすれば、きっとお気に入りになれましょう。やはり大切なことです」そのとき私はうつむいて答えなかった。この人の子供の教育は奇怪だと思う。たといそうすることによって高貴の方に近づけるにしても、お前たちにはそうしてもらいたくない（『家訓』教子篇）

この結びの一句は民族的誇りの叫びというべきであろう。（中略）顔之推の著作からは異民族の支配下にあった漢民族知識人の苦悩をあからさまにのべた語句は見出せない。だが、「教子篇」から引いた右の文章はそれを抑制した形で示し、それだけに苦悩の深さを人に想像させる。（後略）

とある。

春日井明は「変動の時代に顕れた中国士大夫の人間観」――顧炎武の「恥」論を中心に顔之推・韓退之及び馮道を論ず――で明末の三大師の一人、顧炎武は「日知録」の中で「廉恥」論を展開しているが、ここにも「斉朝の士大夫」が出て来る。

（前略）吾れ三代以下を観るに、世は衰え、道は微に、礼義を棄て、廉恥を捐つるは、一朝一夕の故に非ず。……。彼の昏きの日、固より未だ嘗つて独り醒むるの人無くんばあらざるなり。頃、「顔氏家訓」を読むに云へる有り、「斉朝の一士大夫、嘗って吾れに謂って曰はく、『我に一児有り。年已に十七、頗る書疏を暁る。其の鮮卑語及び琵琶を弾ずるを教ふるに、やや通解せんと欲す。此れを以って公卿に伏事するに、寵愛せられざる無し』と。吾れ、時に俯して答へず。異なるかな此の人の子を教ふるや。若し此の業に由って、自づから卿相に至るも、亦汝が曹の之を為すことを願はず」と。嗟乎、之推、已むを得ずして乱世に仕ふるも、猶此の言を為す、尚小宛の詩人の意有り。彼の闇然として世に媚ぶる者、能く媿ずる無からんや。

即ち、ここで、政治的生涯に於て、馮道ほど華やかではないが、南北朝という乱世（諸王朝の併立という意味で）に生まれて、南朝梁・北斉・北周・そして隋朝と、やはり二世に仕えずどころか四朝に仕え、中国各地を転々としなければならなかった顔之推が、そのような恥づべき環境に処し乍らも、尚お且つ士大夫としての「恥」をわきまえていた、と指摘するのである。（中略）士大夫の理想像としての論語的君子は、先ず始めに家族の場に於いて理想的人間でなければならないのであり、『顔氏家訓』は、このような人間像を示したものと言える。従って、顧炎武にとっても、唐宋時代の士大夫と同様、愛読すべき書であったのであろう。（中略）さて、顧炎武は、三代の後、聖人の制作した道が微かなものとなり、以後、道が復興したことは一度もない。このような、礼・義が放棄され、廉・恥が捨てられた時代の中にあって、わづかに「恥」を知っていた一人として顔之推が在った、と考える。（後略）（「清泉女子大学紀要」39）

ここに登場している斉朝の士大夫について森三樹三郎は「六朝士大夫の精神」（同朋舎刊）で「（前略）顔氏家訓に、斉朝に一士大夫があり、その子に鮮卑語や琵琶を教えて、公卿の間に人気を得させよう、と得意になっている者があったことを述べているが（教子篇）、この一士大夫というのは恐らく当時奔放の貴族として知られた范陽の祖珽あたりを指しているものと思われる（後略）」と推測している。

例の祖珽がここにも登場していた。

## 南人と北人の大いなる違い

顔之推はこれまで見てきたように南朝の梁から西魏を経て北斉に入り、さらに北斉は北周に吸収されている。つまり南朝から北朝に移住している。そこで南と北の風土、環境の違い、そこに住む人間の相違について強い関心を抱いている。守屋美都雄の「南人と北人」（東亜論叢第六輯　文求堂編）によると

（前略）顔氏家訓風藻篇に
南人は賓至るも迎へず、相見れば手を捧げて而も揖せず、客を送るには席を下るのみ。北人は送迎並に門に至り、相見れば則ち揖す、皆、古への道なり、吾れその迎揖を善しとす
とある。接客の禮は、北が厚く、南が薄いことをいつたのである。（後略）

と書いている。揖《ゆう》すとは会釈をすること。

また同じ風藻篇に梁の武帝がその弟と別れる際に弟が泣かなかったことを不快に思ったことを例にとって

（前略）別離に當つて南人は流涕して別れを惜むが、北人はむしろ笑つて別れるといふのである。勿論これは南北の風習の大體の違ひを述べたもので、一人一人の實例を見れば、すべてがこの通りだつたとは言へまい。顔氏はこの相違に評を下して、南人の形式主義を誹つているのである。（後略）


と述べている。

「顔氏家訓」「治家第五」の第五章「家政論」には「女性の南北差」が三段にわたって書かれている。三三二

段（其の一）によると

江東（南方）では、女性は殆ど社交ということをしない。息子や娘の婚姻関係がある家同士でも、（中略）互いに顔も合わせたことがなく、ただ使者を遣わして贈り物をし、丁寧に御挨拶を交換するだけですましている。

北方鄴《ぎょう》のお膝下《ひざもと》の風俗では、家は専ら婦（女性）で維持されている。彼の女らは訴訟を起こして堂々と曲直を争ったり、［それにからんで］勢力家の門をたたいて、盛んに頼みこみに狂奔する。（後略）

（顔氏家訓1　四二頁）

南と北の女性の違いを強調している。三四段の（其の二）では

南方人間では、内々は火の車でも、［殿方たちは］体面を飾ることに浮き身をやつしている。乗り物も衣服も、何はさておいても、きっちり整っていないと気がすまない。当然のこと家内一同妻や子らは、ひもじくも食うに事かき、寒くも着る物がないという目に会う。河北（北方）では、暮らし向きのことはたいてい主婦の方針一つできめている。従って、［女性用の］美服だの貴金属だの宝石の類こそは、なくてすまされないとされても、［男性用の］馬だの馬丁だのの類は、例え痩《や》せこけていようが、病み

ほうけていようが、間に合いさえすれば、それでよしとされている。(後略)　(同　四三、四五頁)

とその相違に驚いているようだ。

三五段の(其の三)は短い。

河北(北方)の女性は、普通の絹物を織ったり、さなだ紐《ひも》の類を編んだりすることから進んで、黼黻《ほふつ》とか錦《きん》とか繍《しゅう》、そして羅《ら》また綺《き》などといった技術の高い品物を作ることまで、その腕前は江東(南方)の女性より、遥かに優《すぐ》れている。　(同　四五頁)

注一によると、黼黻とは二色の糸で三角形や己字形の幾何模様を刺繍で現わした縫い取りのことだそう。つまりこの三段を見る限り、北方の女性は南方の女性より口八丁手八丁だということか。

このように南人と北人のさまざまな考え方や生活様式の相違が述べられているが、川本芳昭の「魏晋南北朝時代の民族問題」(汲古書院刊)には

(前略)周知のように顔氏家訓の著者顔之推は梁から北周、北斉、隋に仕え、波乱に富んだ生を送った人物である。その顔之推は北斉治下の漢族士大夫の間で流行していた子弟の鮮卑語、琵琶習得の風

潮（巻一教子）、華北における庶子差別の厳しさ（巻一後娶）、息子命名の可笑しさ（巻二風操）親族呼称の不合理（巻二風操）など北方のあり方を種々の点で批判している。ところが、一方で彼は江南の華美を非難し北方の質素倹約を褒め（巻一治家）、北方に残る古風をよしとし（巻二風操）、梁末士大夫の惰弱さを批判し（巻四渉務）、洛陽と建康の音韻を二つながら標準と認定する（巻七音韻）など、南に対する批判、北に対する称賛もおしまないのである。（後略）

と〝南北問題〟を是々非々で語っていると指摘している。

「止足第十三」について佐藤一郎は「顏氏家訓小論」（東京支那學報　第一號）の中で次のように書いている。

（前略）「止足」とは論語の「知足不辱、知止不殆」により、足るを知って止まることである。唐初に編纂された梁書の止足列傳には、古今の止足の實行者を述べ、その眞意義を論じている。要するに「量力守志」（自己の力をよく知って、節義を守り、高のぞみをしない）のことである。魚豢の魏略知足傳・謝靈運の晉書止足傳・宋書止足傳とこの梁書、それに顏氏家訓止足篇など、いずれも一つの風潮によるものである。しかし家訓には他と異った獨自性がある。「量力守志」には絶對的規準はないのに對し、彼のは一つの生活水準と榮達の限界、逆にはそこまでは昇進すべしという目標が與えられている。晋書のごとく難をさけて引退した文士を横範としたり、他書のごとく適當なところで隠退するというのでもない。能動的「止足」主義である。(後略)。

後半に書いている「生活水準と榮達の限界」そして「そこまでは昇進すべしという目標」とは「止足第十三」つまり第十三章「八分目論」の一六七段「経済生活について」にある

(前略)二十人家族の生活なら奴婢《ぬひ》は多くも二十人を超《こ》えないがよい。美田は十頃《けい》(四十五ヘクタール)もあれば十分である。住まいは風雨をしのぐだけ、車馬は脚《あし》で歩く代わりだけのものでよい。現金で数万銭の貯えがあれば、吉凶その他火急の用は弁ずるであろう。(後略)(顔氏家訓2　二一八頁)

と一六六段「靖《せい》侯さまの教え」の

(前略)官に勤める身となっても、地方長官級以上の地位は決して願ってはならない。(後略)

(同　二一七頁)

一六八段「引退の潮時《しおどき》」にある

官庁に勤務した場合、大の字がつく昇進でも、中以上の品階《ランク》は越えないがよい、自分の前に五十人、後に五十人といった程度が世間に対しても恥ずかしくなくて、しかも危険な目に遭《あ》わないですむ。

（後略）

（顔氏家訓2　二一九頁）

などの教えを指していると思われる。

## 呼吸を調える。顔之推の養生論

筆者の生業としているのは太極拳のインストラクターである。したがって「養生第十五」（第十五章「養生《ようじょう》論」）には格別な関心を抱いた。一七三段の「長生術について」では神仙術を修行して仙人になろうという多くの人々は高価な費用と時間を浪費して失敗に終わるのみだとして

（前略）もともとそんな風な神仙術などは成功する道理がないのだ！　仏教の教理に照らしてみても、たとえ仙人になれたところで所詮《しょせん》は死を免れないのであり、その限り人の世界を超越することは不可

能なのである。私はお前らが、こんな事に精力を消耗するのは望むところでない。（同　三八頁）

と書いた後で、こう結論を述べている。

しかし、神経に休養を与え呼吸を調えることに努め、起臥の節度を守り、寒暖に適した衣服をまとい、飲食のタブーに忠実に従い、薬物を適当に摂《と》り、天から受けた寿命を完全に生き切って、若死になどに至らないよう努力するというのであれば、（中略）反対の余地は全然ないわけである。（同　三八頁）

まさに現代でも十分に通用する養生法ではないだろうか。太極拳を含む気功法に三原則があって、調身、調息、調心を指す。それぞれ身体（姿勢）を調《ととの》え、呼吸を調え、心を調えることを強調している。無理のない規則的な起床と就寝、日々の食事に注意を払い、必要であれば漢方の生薬なども取り入れる。野放図な生活習慣、無謀な暴飲暴食などを避け、病気に至らぬ前に未然に用心深く、慎ましい生活を心がける。中年以降の顔之推のお好みのライフスタイルでもある。

続いて一七四段の「薬餌法について」では之推の健康法が披露されている。

（前略）私はある時、歯がぐらついて抜けそうになり、熱いものも冷たいものも皆しみて痛くて困ったものだ。しかし『抱朴子』の歯を堅固にする法の条を読むと、朝早く起きて歯を三百ペンばかり叩《たた》くのが良法だとある。私はそのとおりにやったら数日で痛みがすっかりとれた。今でも毎《いつ》もこれをやることにしている。こうした、ささやかな療法は試みても他に害が及ばないし、習得していればやはり便利なものである。(後略)　(顔氏家訓2　三九頁)

「抱朴子《ほうぼくし》」とは東晋時代の葛洪《かっこう》の著作で神仙思想のバイブル的存在だ。「歯を指で叩くという「叩歯法《こうしほう》」は現在でも気功法の「保健功」に出て来る功法で、今日まで受け継がれている経験則によった療法でもある。

一七五段の「命あってこその養生だ」は

不老長寿のために養生する者は、必ず先ず災害に罹《かか》らない用心が必要である。肉体とその機能が保全され、生命が保証されてこそ養生ということも意味があるのだ。この保証を用意しないでいわゆる養生するのは、[全く無益なことだから]やめておくべきである。(後略)　(同　四一頁)

として世間的な人間関係を馬鹿にしたり、貪欲に溺れたりして命を失った人の例を挙げて生きる上での用心を怠ると養生自体が意味をなさないと警告している。もっともだ。

## 諸芸の中では、書に注目

「雑芸第十九」の第十九章「諸芸論」には書、絵画、音楽などの芸術、また弓術、占い、算術、医薬について、さらに囲碁、投壺《とうこ》などの遊戯について幅広く論じられている。中でも一番熱心に、しかも多くの紙数を割いて述べているのが書についてである。冒頭の二三九段「書について」では

（前略）私は幼少にして、家伝来のこの業《わざ》を教えこまれ、そのうえ好きなたちでもあったから、目にした法書（お手本）も自然に多く、自身でも手習いし工夫も加えて、相当な努力は尽くしたつもりだが、結局満足なところまでは上達に至らなかった。誠に天分とは致し方のないものである。（中略）

（同　一七一頁）

とした上で、この道はあまり上手でない方がよいと主張している。

というのは、（中略）あまり上手に過ぎると、いつも人に利用されるので、かえって面倒だと思わされることが多いからである。（後略）

（同　一七一頁）

と。その理由として「巧者は労し、智者は憂う」からだという。つまり巧者はえてして貧乏になり、知恵者には気苦労がつきものだと説明している。

次の二四〇段「書の道を御得意芸などにするな」では王羲之、蕭《しょう》子雲、王褒《ほう》という三人の書家の例を挙げ、書の筆跡だけが注目されて他の美点があまり評価されなかったり、石碑の前で立ったり座ったりして苦役に等しい作業をさせられることを強調して

（前略）書の道を自分の御得意芸にするなどは、よくよく慎んだがよいということになる。（中略）

（顔氏家訓2　一七三頁）

と書いているが、そのすぐ後に

とは言うものの、下づみのしがない雑務に追いまわされている人人の中には、往々能筆のお蔭《かげ》で抜擢《てき》される者も少なくないのだから（後略）

（同　一七三頁）

とそのような人の場合はその限りではないと条件を付けて容認している。

さらに二四一段「王右軍は書風の源流」では王羲之の書について触れている。王羲之は「世説新語」の注を参考にすると、三〇七年頃〜六五年頃。字《あざな》は逸少《いつしょう》。琅邪《ろうや》（山東省）の人。東晋の宰相の王導の従子。右軍将軍・会稽《かいけい》内史となったが、在任四年で辞し、その後は会稽の地にあって諸名士と交遊し、山水を楽しんだ。書家として有名（「晋書」八〇）とある。王羲之はかつて右軍将軍であったことから「世説新語」では常に「王右軍」として出て来る。この段では梁代の有数な書家はいずれも王羲之の書法をマスターしたもので「（前略）王君こそまこと書風の源流だということであった。（後略）」（顔氏家訓2　一七五頁）と証言している。このようなことが書けるのは顔之推自身が王羲之と息子の王献之の楷書と草書を多く見て来て、自宅にも所蔵していたからであろう。

このように顔之推は書に対して子供の頃からひとかたならぬ関心を抱いていたようである。野村茂夫の「顔之推の書観」（東洋学論集創刊号）によると「（前略）顔家が、代々にわたって書に関心を寄せてきたことはその家系図を見ても明らかである（後略）」として、顔含から五代目の騰之は草書、隷書に巧みであり、後続の炳之、さらに之推の父の協も草書隷の上手であったから優れた書家を輩出した家系であったことが分かる。また同じ論文の冒頭にこうある。

東晋の王羲之（三〇三〜三七九）および、その子どもたちによって、書（以下、書というときは、いわゆる書道芸術の意である）の芸術性は、一つの頂点に達した。その後、その継承者、あるいは追随者の時代を経て、唐初の太宗の治世（六二六～六四九）を中心とした、欧陽詢・虞世南・褚遂良の三大家といわれる人々の出現による、書壇の全盛期をむかえた。
この王義之たちと、唐初の三大家との中間の時期に、顔之推（五三一～六〇二？）はいた。（後略）

と書いて以下、之推の書に対する見方を解説している。

この論文に唐初の三大家の一人として欧陽詢が出て来る。ところで王羲之の有名な「蘭亭帖《らんていじょう》」の原本はなく、いろいろな模本があるが、三十年以上前、筆者が書を習いに教室に通った時にテキストとして向かい合ったのが「欧陽詢楷書蘭亭記」であった。「永和九年歳在癸丑暮春之初」と続く文字を四文字ずつ書く稽古をした。欧陽詢の手本は素晴らしかった。だが石の上にも三年と続けたが、己の字のまずさ加減に呆れて三年後に断念した。顔之推もやめた方が良いと言うだろう。

ともあれ顔之推の家系の中でも一頭地を抜いた存在は五章でもかなり詳しく述べたが、言わずと知れた之推五代の孫の顔真卿であろう。先の野村論文の後半には

（前略）実務的な官僚として有能であり、かつ書人としてすぐれていた唐初の諸家などは、顔之推の望む士大夫の典型に近いといえよう。（中略）そして、この之推の子孫に託した願望を、最も明確な形で

体現したのが、その五代の孫の顔真卿である。聖賢の道を修め、すぐれた官僚であり、軍事にもたけ、国のために命をおとした剛直の人、かつ書の道での巨人、このような子孫を一人でも生み出したことで、『顔氏家訓』を書いた顔之推の目的は、十分に達せられたといえよう。

書についてかなりの紙数を割いたが、もう一つ、二五〇段「囲碁などの遊技について」にも触れておきたい。

（前略）『論語』には「博《すごろく》・奕《いご》なるもの有らずや。これを為《な》すは猶《な》お已《や》むに賢《まさ》れり」と書いてある。（中略）孔子さまは博《はく》（双六《すごろく》）や奕《えき》（囲碁）を御奨励なさったわけではなかったのだ。ただ学問する身も、休みなく緊張しているわけにはゆかない。時あって疲労し倦怠もしてくれば、こんな遊戯をすることがあっても、それは腹一杯に飯をくらって馬鹿みたいに眠りこけ、でなければ石の地蔵さんよろしく坐りこんでいるだけなのよりか、何程かはましだとおっしゃっているだけなのである。（後略）

（顔氏家訓2　一九〇頁）

とある。まさに同感だ。

これは「論語」の陽貨篇に出て来る有名な段でもある。博奕《ばくえき》というと、一般の辞書には「ばくち」としか出てこないが、博は双六の、奕は囲碁のことだと分かる。もっとも双六は現在のものとはまったく別ものらしい。いずれにせよ顔之推は孔子が「論語」の中で博奕を推奨しているわけではなく、無為徒食をしているぐらいなら遊びをしている方がまだましだと教えていると説明している。現代の多くの解釈と同じだ。

## 晩年の之推の仏教擁護論

「書証第十七」と「音辞第十八」は専門家でも大変難しいそうなので飛ばし、「終制第二十」は四章の後半で詳述しているから省く。最後に「帰心第十六」(第十六章帰依《きえ》論)に触れたい。これも全編が仏教論なので私には難しいのだが。

石本道明の「顔之推「帰心篇」と楚辞「天問」と」(國學院中國學會報　第五十四輯　國學院大學中國學會)によると「(前略)「帰心篇」は『顔氏家訓』中の一篇として、今でも容易に見ることができる。」として清朝の「四庫提要」中の宋代の陳振孫「直斎書録解題」に触れ「(前略)宋代に『顔氏家訓』が〝家訓書〟の代表的著作と認められていた状況は明らかである。また、「四庫提要」では特に「帰心篇」を採り上げて次のように言う。

然れども其の（『顔氏家訓』）中の「歸心」等の篇は、深く因果を明らかにし、當時の好佛の習を出でず。（中略）

右に見るように、『顔氏家訓』の篇中では「帰心篇」は読書人の関心を集めていたことが判かる。」と書いている。そして「（前略）この「帰心篇」は『顔氏家訓』第十六にあり、一般に仏教擁護論とされる。「帰心篇」の序に当たる部分には次のようにある。

三世の事は信にして徴有り。家　歸心を業とす。輕慢すること勿かれ。（中略）

右に明らかなように、『家訓』の体を取って子孫に対して仏教帰依を勧める口吻である。（後略）

そうだ。一言で言えば「仏教擁護論」であり、子孫に仏教を信ずるように訴えている。その後、仏教に対する批判、誹謗を五つに大別して一つ一つに執拗に反駁している。その熱心さには、あの梁代の武帝の仏教信奉を連想させられる。武帝は若いころは儒教を学び、中年以後は道教に熱心になり、晩年には狂信的ともいわれるほど仏教に帰依した。顔之推は道教、老荘思想とは一貫して無縁であったが、家学である「周礼」「左伝」はもちろん儒学は深く学んだ。そして武帝同様に晩年といわれる年代に仏教に熱く肉薄してきた。之推は武帝に対して常に同情的だったという説もある。両者の好みが一致したのかもしれない。

もう一つ「帰心第十六」と言えば宇都宮清吉の「中國古代中世史研究」の「第十二章　顔之推研究」である。さらにその中の「第三部　顔氏家訓　歸心篇覺書き」の冒頭には以下のように書いてある。

『顔氏家訓』の歸心篇は、顔之推が佛教への信仰を子孫のために勧誘した一篇である。この篇は『家訓』の思想的基調が儒家的であるところから考えると、非常に異質な一篇だということは確かだ。そこで、『家訓』を儒家的教訓であるが故にこそ、高く評價した中世以後の士大夫たちにとっては、この一篇の存在は常に、何とも目ざわり極まるものに見えたとしても、全く無理な話ではなかったのである。歴代の『家訓』を登錄した書目などを見ても、この書が歸心一篇を含んでいるばかりに、（中略）「本書には歸心篇があって佛教信仰の勸めを書いている」と言った調子の注記を付けているものが珍しくないのである。彼らの中には、一層のこと『家訓』から本篇の如き目ざわりなものを省略してしまった方がよい、と主張する者も稀にはあったようだ。（後略）

儒者がそれほど嫌がる問題の箇所とは

（前略）（そもそも佛教の四塵五廕の說は、現象世界を解剖分析して、眞如の姿を見させようとするもの。（中略）その辨論の明晰さと、その智慧の博大さとは、六經（詩・書・禮・樂・易・春秋）や論語、はては諸子百家たち、否！明白に堯・舜・周公・孔子さまらさえも、及び得ないものである。）（後略）

の仏教の智慧は堯、舜、周公、孔子のそれより優れているという部分であろう。とにかく「帰心第十六」は「顔氏家訓」の中にあって特別であり、別格な篇であることは間違いない。

## 吉備真備も愛読した「顔氏家訓」

「顔氏家訓」について宋代の話が出たが、その前の唐代の話にさかのぼりたい。同家訓が児童向け教科書になっていたという事実だ。多賀秋五郎の「唐代教育史の研究・日本学校教育の源流」(不昧堂書店)には

(前略)唐代の児童教科書には、「雑抄」・「孝經」・「顔氏家訓」・「千字文」・「世説《せせつ》」などが使用されている。(後略)」と出ている。

唐・宋時代に顔氏家訓が頻繁に登場していたことはよく知られているが、日本の奈良時代に遣唐使として唐に渡った吉備真備《きびのまきび》の著になる家訓書がかつて存在した。その「私教類聚」については

吉備真備の家訓書。家訓書としては日本最古のものではないかという。本朝書籍目録に「私教類聚

一巻」とあるが、現在には伝わらず、（中略）政治要略等に逸文が残されているのみである。三十八条よりなり、唐宋時代盛んに行われていた北斉の顔之推の「顔氏家訓」が頻りに引用されており、これに範をとっていたことが明らかである。（中略）儒仏を重んじ道教を排する姿勢がうかがわれ、奈良時代の思想を示すものとして興味深い。

（大曾根章介校訂「日本思想大系8」「古代政治社會思想」岩波書店刊行）

とあり、吉備真備が「顔氏家訓」の愛読者で、これを模範にして自らも「私教類聚」を書いたらしい。

書いたらしいではない。わずかに残された逸文を読むと引用は「論語」と「顔氏家訓」が交代に登場（「漢書」や「史記」も出て来るが）している。そこには顔之推が書いてきたこと、例えば士大夫であれば若い時分から学問をしなさいと言う。飽食して酒飲んで居眠りをしているようではものの役に立たず、人前に出ても恥をかくばかりだ。また世の中が乱れれば学問をしている人間は人の師として生きていかれるが、していないと名門貴族の出自でも悲惨なことになる。世の中の人は知識を欲しがるくせに肝心の読書をしない。それは腹が減っているのに料理の準備をしない、あるいは寒いのに着る服を作ろうとしないのと同じだ。などなど顔之推が「顔氏家訓」の中で口を酸っぱくして言ってきたことが引用されている。ほぼ日本最古の家訓である「私教類聚」がほんの一部しか残っていないのはかえすがえすも残念である。

もう一つ山田勝美の「顔氏家訓と著者顔之推について」には顔氏家訓の日本伝来に言及して

(前略)この書のわが国への伝来については、すでに藤原佐世の日本国見在書目のうちに七巻と著録されておるが亡佚して存せず、水雄岡志(一、八二)に、
貞観十八年、七月十四日、散位大蔵朝臣善行を蔵人所に喚で御書を校定せしめ、且つ天皇左右の年少及び禁中の好事の者に顔氏家訓を教授す。
と見えているから、相当ふるいものであるといってよいであろう。(後略)
(「城南漢学」立正大学漢文研究会編)

とある。

藤原佐世《ふじわらのすけよ》は承和十四(八四七)年生まれ。平安時代前期の儒学者で、当時の漢籍を収録した「日本国見在書目録」を編纂している。なお貞観十八年は八七七年で貞観の最後の年に当たる。この年に清和天皇が退位して、陽成天皇が即位、藤原基経が摂政になっている。善行という大蔵朝臣が宮中に召喚されて天皇側近の年少者や宮廷の漢籍好きな人々を前にして「顔氏家訓」を講釈したという事実があったようだ。

同論文には時代がずっと下って清代の儒学者盧文弨の「顔氏家訓」についての文章が掲げられている。

(前略)清の大儒、盧文弨は、その「顔氏家訓註本」の序文において、

ああ、無用の言、不急の弁は、君子の貴ばざるところなり。かの六経のごときは〔高〕尚なり。而して委曲、情に近く、纖悉、周ねく備はり、立身の要、処世の宜、為学の法は、蓋しこの書より善なるは無からん。人の俗を訓へ、家に型する者、又何ぞこれを捨てて、畳牀架屋をもちふるをなさんやと述べているのは、顔氏家訓に対する書評として、最も簡にして要を得たものであろう。（後略）

と紹介している。

盧文弨の「顔氏家訓」についての文章の主旨は、「著者の顔之推はさまざまなことに詳しく触れていて、しかも人情の機微もあり、立身出世、処世の法の要諦や学問を行う方法について、この本ほど良いものはない。一家を主宰するような人であれば他の似たような本は捨てても良いが、この本は大事に活用すべきだ」ということだろうか。

この盧文弨の「顔氏家訓註本」の序文についてはさらに後代の周作人が自らの随筆「夜讀抄」の中で「顔氏家訓」と「徒然草」の共通点について書いている。魯迅こと周樹人の弟である周作人の文章に関して山田勝美訳注の「顔氏家訓」の解題には

（前略）周作人も嘗てその「苦茶随筆」の中で指摘しているように、従来の中国の書物においては、「いかにして苟も性命を治世において全うするか」を説いたものが大部分であるが、この書においては、

「乱世における」それを説き、しかも懇到をきわめているのが、その特色というべきであろう。（後略）

といっている。さらに後の部分で

（前略）同時にオーソドックスの儒家の立場からのみ物をいったり、考えたりしていないところに、却って多大のゆとりが感ぜられ、こうした博い思想的視野にたっての立言が比較的に少い中国の思想史上において、むしろ特異な存在というべきであろう。周作人はまたこうした思想的立場の広いところが、すなわち人情味のあるところだとして、兼好法師のこのもしい点もまたここにあるといい、この書を暗に兼好法師の『徒然草』に比擬している。（後略）

（中国教育宝典下「顔氏家訓」玉川大学出版部刊）

と記している。

周作人が「顔氏家訓」と「徒然草」にある種の共通点を見出していることに、私は〝得たりや応〟とばかりに膝を打ちたくなった。私的なことではあるが、筆者がほぼ五十年前の大学受験生であった時期に受験科目である古典を勉強するために「徒然草」の抄本を解説付きで読み始めた。最初は義務感を抱いて読んでいたが、たちまち内容の面白さに魅入られ、本屋で全段のそろった完本を買い込み他の現代国語や英語などの教科を放り出し、「徒然草」のみを読みふけった〝苦い〟経験がある。そして十年ほど前、「顔氏家訓」をやはり解説書付きで読んだ時に「何て面白い本なのだろう」と感心したのである。次いで別人の訳のものを読み、さらに「顔氏家訓」に関連する論文の渉猟に励んできた。まさに私にとっては「徒然草」と「顔氏家訓」とは同じ匂いとは言えないまでも、かなり似たような香りを発する本なのだということを周作人は教えてくれたのである。

周作人といえば柴崎信三の「魯迅の日本漱石のイギリス」（日本経済新聞社）では魯迅と周作人兄弟の葛藤がかなり詳細に描かれている。「兄弟の別れ」という項目では冒頭に「帰国した魯迅と周作人の兄弟は、気まずい感情の行き違いから生涯にわたる離別を迎える。（後略）」とある。帰国とは兄弟の日本留学からのそれを指している。

（前略）兄弟の分かれ道となる事件の発端は一九一九年末、魯迅が故郷紹興の家をたたんで北京へ住まいを移したことである。西直門に購入した家には故郷から伴った母親と妻の朱安、末弟の周建人一家が同居し、市内に住んでいた周作人一家もほどなく合流した。長兄の魯迅の下に使用人を含め総勢十人を超す大家族がここに復活するのである（後略）。

しかし、この大家族を支える収入は魯迅と周作人の給料のみで、かつてのような家作からの収入はない。

そこで

（前略）問題はその一家の月収六百元を周作人の日本人妻、羽太信子が管理したことである。長兄の妻朱安ではないところに、魯迅の結婚の経緯を含めた一族のわだかまりがうかがえる。」そして「羽太信子はなにかにつけて日本人商店で日用品や食料品を買い、子供が熱を出せば日本人医師を呼んで治療を受けさせたという。（中略）魯迅にはそれが金遣いの荒さと映った。「こちらが人力車で金を運んでくるのに、自動車で持っていかれるのでは敵うわけがない」という言葉を後の魯迅の妻、許広平が伝えている。（後略）」とある。最終的には「（前略）魯迅は妻朱安と母親を伴い西直門の家を出て新たな借家に移ることで、生い立ちから日本留学と文学活動まで寄り添って歩んできた弟作人と離別し、以降二人の交流は途絶えた。国民的作家として中国社会の偶像となっていく魯迅と、日本文化への親近から「漢奸」と指弾されてか細い道を歩んで行く周作人のその後の人生は対照的である。（後略）

と書かれている。

ここで「顔氏家訓」兄弟第三（第三章「兄弟論」）一三段「いざこざの震源地」を思い起こさずにはいられない。

兄弟の妻同士というのは、とかく、いざこざの震源地となる。当の兄弟たちでさえ、こんなややこしい場所にいるくらいなら、一層のこと知らぬ世界の果てに行って、寒暑につけても案じあい、日は東に月は西にと遠くへだたる思いに、愛情を確かめあう方が、どれくらいましかと考えるようにもなるだろう。（中略）ところで、どうして、こんな風ないざこざが起こるのだろう。それは公平でなければいけない所に、私情を持ちこむからである。重い責任がかかっているのに、軽薄な義務感しか持ちあわせていないからである。もし万事を自分の事のように思いやり深く考え、兄弟の子でも自分の子と同じように愛撫してやるようなら、こんな風ないざこざは、起こらないですむはずのものだ。

（顔氏家訓1　二四頁）

ということだ。

日本での「顔氏家訓」はその後、どのように紹介されてきたのだろうか。江戸時代に出版された「顔氏家訓」は寛文二年（一六六二）村田庄五郎刊行と文化七年（一八一〇）京都葛西市郎兵衛発行の二作が復刻され、前者が（田中ちた子、田中初夫著「家政学文献集成続編」［第6冊］渡辺書店1970）、後者が（「和刻本漢籍随筆集第10集」古典研究会1974）として現代に伝わっている。目録はいずれも巻上（序致篇一から名實篇十）と巻下（渉務篇十一から終制篇二十）に分かれていて著者名は北齊黃門侍郎顔　之推撰となっている。

## 「顔氏家訓」は汲めども尽きぬ生活の知恵

この章の最後にもう一度、顔氏家訓の「省事篇」に関連する論文を是非とも引用したい。今までに何回か登場してきた宇都宮清吉の「中國古代中世史研究」の「第十二章顔之推研究」の第五部「顔之推のタクチクス」の冒頭部分だ。

『顔氏家訓』省事篇七段目に次の文章がある。『王子晉の云わく、「覆《りょうり》を佐《たす》くる者は嘗《あじみる》を得、闘《けんか》を佐くる者は傷《きず》を得」と。これ善を爲す者には預《かか》われども、悪を爲す者よりは去り、人の非義の事を爲すに黨《く》みするを欲せざるを言うなり。凡そ物《せけん》を損ずるのことには皆與《かか》わることなかれ。(後略)』

この部分は前にも出てきた。料理は善、喧嘩は悪として善を薦めて悪を退けるという一節だ。これに続いて、しかしながら窮鳥が懐に入るような場合は憐れんで助けるべきだと書く。歴史上有名な例を挙げて、そのような際は仮に助けたことによって罪を得ても仕方がないと主張している。だが、道理に背く行いをした者を助けるのは理に叶わないことだと明言している。この後

「（中略）ただ親友危難に迫らるるあらんか、まさに己が財・己が力、その限りを竭して吝しむなからむことにこそ。横《みだ》りに圖計を生み、理なくして請謁する者の若きは、吾が教えの關知するところにあらず。（後略）」

この文章は顏之推が「眞の勇氣とは何ぞや」と言うことを彼なりに說いたものである。人はこの一文を讀んで、顏氏の歷史的・社會的立場だとか倫理的限界だとかを論ずることは自由である。その保守的肯定的な常識論に嫌惡を表明することも容易であろう。だが彼の歷史的社會的立場がどうあろうと、彼に如何なる倫理的限界が證明されようと、さらに彼が如何なる保守的常識家と規定せられようと、彼が人間の美德としての勇氣と英智ある判斷力を高く評價し、自身はそれを實踐する固い決意を有した人物であることを疑うわけには行かない。吾々が彼の言葉に所謂歷史的でない眞實を見出すとすれば、それは實にこの點である。けだし人は意識すると否とに關わらず、如何なる社會的立場に立ち、又如何なる歷史的限界に制約されているにせよ、不屈の勇氣と英智ある判斷力を持つべきことは、人が人たるために要請される永遠の條件だからである。私は『顏氏家訓』を讀み、顏之推の傳記を知るにつれ、彼が一方ではむしろ平凡な六朝士大夫的平均意見の所有者であるにも關わらず、その實踐においては却って常に、拔群非凡にして不撓不屈とも言うべき勇氣をもち、又それを支える條件とも言うべき、透明な英智と自由な人格の所有者であったことを理解し、改めて敬意を深くした者である。

（中略）『顔氏家訓』は六朝末社會の轉換期において、君子顔之推が子孫のために遺した誡めの書である。それは溫和で謙抑で平凡ですらある。その文章も平明で達意で雅致を失わぬ率直さを持っている。大聲して鞭撻するのでなく、靜かに諄諄と說き明かし、激情を昂ぶらせて叱呼する風はなく、溫雅に繰り返しながら教える。悲劇的否定的契機は影もなくて、全篇自信に滿ちた實踐の精神にあふれている。誠に彼の傳記作者が、「虛談はその好むところに非ず」（『北齊書』文苑傳內本傳）と言っている通りだ。懷疑の精神に弄ばれ、動搖の時代に明け暮れ、互いに引き裂かれた悲劇的な孤獨に惱む現代人が、率爾として彼の書を繙き、何の用意もなしに讀みかかれば、恐らくは誰しも先ずその自信の程に閉口し、その謙抑の晦澁さに退屈し、そしてその疑義百出する平凡さに、違和の感を深くすることであろう。だが若し讀者が彼の生きた五三一年から五九一年の頃に至る全時代、いわゆる六朝末期の變轉極まりない政治の淆亂と、社會の變動の苛烈な風景を識ることに吝かでないならば、彼顔之推のこの一見溫和で謙抑で平凡と見ゆる書が、實は驚くべき不屈な勇氣と細心な用意と、不斷の勉強によって捷ち得られた、汲めども盡きせぬ生活の智慧の書であったことを發見するであろう。その意味で彼の書『家訓』はやはり永遠の書であると言える。（後略）

以上、顔之推と「顔氏家訓」についてのすべてを熱く語り尽くしていると思う。

# 終章「顔氏家訓」以外の作品「観我生賦」「冤魂志」「古意」について

---

**予一生而三化、備荼苦而蓼辛。鳥焚林而鎩翮　魚奪水而暴鱗　嗟宇宙之遼曠愧無所而容身**

**（予一たび生まれて三たび化し、備《つぶ》さに荼苦して蓼辛す。鳥は林を焚《や》かれて翮《はね》を鎩《そ》がれ、魚は水を奪われて鱗を暴《さら》す。嗟《ああ》宇宙の遼曠たる、所として身の容る る無きを愧づ）**

**「観我生賦」**

---

「観我生賦」については今までに何度も出てきた。この章の表題の漢文は「観我生賦」から、読み下し文は渡部武の「『北斉書』顔之推伝の「観我生賦」について」の文中から引用している。「観我生賦」は「北斉書」巻四五の文苑伝内顔之推伝中に含まれている長編の賦である。渡部論文には「観我生賦」について

（前略）文字通りわが生涯を回顧した自伝的な韻文であり、顔之推自らの言葉で綴るこの賦は、彼の伝記を考える上で『顔氏家訓』とならんで重要である。

と書いて、その後にすぐ

正史の列伝中に補助資料として当該人物の自作の詩文を引用することはしばしば見られるが、『北斉書』顔之推伝中の「観我生賦」のように、全文を掲載し、しかも列伝の本文を凌いで断然精彩を放った引用事例も珍らしい。（後略）

とその突出した特徴を記している。さらにこの賦の構成について触れ

（前略）事実この賦は、北辺に五胡が侵入し西晋が江左に遷り東晋となる際（三一七年）、之推の九世の祖顔含が元帝に随って南翔するところから筆を起こし、ついで自らの身にふりかかった幾多の困苦を記し、最後に北斉が北周によって滅ぼされ（五七七年）、あまり快適でもない関中生活を余儀なくされるところまでを叙述して筆を擱いている。（後略）

と解説している。

続いて顔之推は賦の中では自身を客観的にとらえて第三者風に描写しているとしながらも

（前略）賦の本文中に一人称でかたるところがたった一箇所出てくるからである。その箇所は賦の骨子となる大切なところで、顔之推の心情がまことによく表わされている。すなわち
「予一たび生まれて三たび化し、備《つぶ》さに茶苦して蓼辛す。鳥は林を焚《や》かれて翮《はね》を鎩《そ》がれ、魚は水を奪われて鱗を暴《さら》す。嗟《ああ》宇宙の遼曠たる、所として身の容るる無きを愧づ」という行文である。
と書く。
「予一生而三化、備荼苦而蓼辛。」は本章の冒頭の部分に出てくる。井波律子は「中国文章家列伝」Ⅳ　顔之推　処世に徹した文人（岩波書店）の中で
顔之推は「予は一生にして三たび化し、茶苦《とく》を備《な》めて蓼辛《りょうしん》たり（私は一度の人生で三度死んでは生まれ変わり、苦しみのかぎりを嘗め尽くした）（「観我生賦」）（後略）
と読み下し文と現代語訳を著している。
今までに見て来たように顔之推にとって「三化」とは五五一年の「侯景の乱」による簡文帝殺害が一回目、五五四年の西魏襲来から「江陵の陥落」での元帝の死亡が二回目、五七七年の北周の攻撃で「北斉の

滅亡」によって三回目の亡国の人になった。「備茶苦而蓼辛。」は渡部論文では「備さに茶苦して蓼辛す。」つまり備《つぶ》さに茶苦《とく》して蓼辛《りょうしん》す。茶はニガナのことで苦い。蓼はタデのことで辛い。茶蓼《とりょう》で苦痛を表す。苦いニガナと辛いタデをとことん味わうような苦痛を受けたと表現している。後の部分は鳥が林を焼かれ羽をそがれて飛べず、魚が水を奪われて泳げずに死んでしまうように、宇宙は広大なのに私は生きていく場所さえ見つからないことが恥ずかしいことだと述懐しているようだ。

ただし冒頭の部分の「予一生而三化、備茶苦而蓼辛。」はいろいろな読み方があるらしい。

渡部論文と読み方が同じなのは林田愼之助の「中國中世文學評論史」（東洋學叢書　創文社）中の

予一たび生れて三たび化し、備さに茶苦して蓼辛す」である。ただし「生まれて」の送り仮名は異なっている。一方「予《われ》は一生にして三たび化し、茶苦《とく》を備《な》めて蓼辛《りょうしん》たり」（六朝詩人群像　興膳宏編　大修館書店）と先ほどの井波律子「中国文章家列伝」が同じであるし、また「予は一生に三たび化し茶《にがな》の苦しみと蓼《たで》の辛《つら》さとを備《つぶさ》にす

（安藤信廣「顔之推の文學――「観我生賦」を中心に――」〈漢文学会会報〉36）

もある。

「侯景の乱」が一章目、「江陵の陥落」が二章目のそれぞれ冒頭の表題に出てきた。三回目の「北斉の滅亡」の後、「観我生賦」の末尾に

委明珠而樂賤、辭白璧以安貧。
堯舜不能榮其素樸、桀紂無以汙其淸塵。
此窮何由而至?茲辱安所自臻?
而今而後、不敢怨天而泣麟也。

とある。この部分の読み下し文が吉川忠夫の「六朝精神史研究」第Ⅵ部「顔氏研究」(東洋史研究叢刊之三十六　同朋舎刊)にあるので引用してみる。

……明珠を委《す》てて賤しきを樂しみ、
白璧を辭して以て貧しきに安んず。
堯舜も其の素樸を榮んにす能わず、
桀紂も以て其の淸塵を汙《けが》す無し。
此の窮は何に由って至れるか。

茲の辱は安《いず》れの所より自から臻《いた》れるか。
今よりして後は敢えて天を怨んで麟に涙《なみだ》せず

この箇所は高位高官を捨てて無位無冠を楽しみ、富裕の地位を辞退して貧しい生活に安住する。古代の聖人の堯や舜も素朴さを高めることはできないし、悪逆無道の桀や紂でも清らかなことを汚すことはできない。だが、それなのに私のこの困窮は一体何が原因なのだろうか。この屈辱は自らが招いたことなのだろうか。とてもそうは思えない。今は天を怨んでおこう。という意味だろうか。しかし「論語」憲問第十四に出てくる「子曰、莫我知也夫。子貢曰、何爲其莫知子也。子曰、不怨天。不尤人。下學而上達。知我者其天乎。」の中の「不怨天、不尤人。」(天を怨まず、人を尤《とが》めず。)は天道に則った君子の道であるから、天を恨んでは小人に堕してしまう。自負心の強い顔之推がここまで言うのだろうかと思う。だが、『史記』を完成した司馬遷は「伯夷伝」の末尾に血涙を絞るようにして「天道是邪非邪」(天道是か非か)と訴えている。伯夷と叔斉のことだけではなく自らの宮刑に処された〝天命〟に異を唱えたかに思える。顔之推の「天を怨む」もこの司馬遷の心境に近いものがあると言えば飛躍が過ぎるのだろうか。

## 「冤魂志」は復讐譚

「観我生賦」に続いて「冤魂志《えんこんし》」に話を移したい。小南一郎の「顔之推「冤魂志」をめぐって——六朝志怪小説の性格——」（東方學第六十五輯東方學會）によると

（前略）「冤魂志」は、その名のように「冤魂」——うらみを飲んで死んだ人物がその加害者に復讐を行なったという事例を多く集めて成り立っている。時代的には先秦時代から顔之推の身近な時代まで、降った部分には顔之推自身の見聞もあろうが、多くの部分はすでに他の書物に見える事例を集めている。（中略）多くの事件の記述のみから、顔之推はなんらかのことを讀者たちに傳えたいと願っていたのだと考えられる。（後略）

とのことだ。そして記述の特徴を三項目に分類している。

（一）ある人物がひどい殺され方をする。（二）その死後、死者の「冤」を示す様々な怪異が出現する。（三）加害者も悲惨な死をとげる。

この（一）から（三）への事件の展開が明快で一直線であるのが「冤魂志」の事件記述の第一の特徴である。（後略）

と書いている。

その後、どのような殺害事件が「冤魂」の報復を受けるのかについて触れている。

（前略）世の中には様々な殺害事件がある。特に南北朝末期の戦亂の中で南朝から北朝に拉致せられ、北方においても北魏王朝分裂のあとの混亂の中を生きぬいた顔之推は、身近に多くの殺害事件を見聞きしていたにちがいない。（中略）「冤魂志」に収められた種々の話しの發端になっている殺害事件（すなわち怪異を引き起こす直接の原因となった事件）には、嚴密な一定の範圍が認められるのである。その範圍を一言《ひとこと》で言えば、人間として決して爲してはならないと顔之推が考えた殺害事件なのである。（後略）。

それでは「爲してはならない」こととは何か。以下に出てくる。

（前略）顔之推が考える〝人間として爲してはならない事〟の内でも特に集中して現れるのは、恩義を受けた人物を自らの利益のために殺してしまう事件である。

と書いている。それも恩義の関係だけでなく、信頼関係をも裏切るような殺人行為を指している。そして人として、してはいけないことをした場合に因果応報は間違いなくあるのだということを主張していると結論づけている。

この論文と関連して勝村哲也の「顔氏家訓歸心篇と冤魂志をめぐって」(東洋史研究　東洋史研究会編)には「冤魂志」について

(前略)之推がこの説話集を纏めた意圖は、あくまでも佛教の報應説を否定せんとする儒家達に數々の事例を提出して報應の眞實なることを證明するところにあった。ここで冤魂志の内容を知るために現存する六二篇中より一例を示しておこう。(後略)

と以下に具体的に例示している。その具体例は省略するが、冤魂志には六十二篇残っていることが分かる。また同論文末の補注には冤魂志にはいくつかの異名があるとして

冤魂志は還冤記と通稱される。しかし隋書經籍志史部雜傳類に「冤魂志三卷　顏之推撰」とあり、顏

眞卿の顔氏家廟碑に「(之推)家訓廿篇　冤魂志三巻を著す」と記し、唐初の法苑珠林巻一〇〇傳記篇に「冤魂志二巻」とあるのを見れば顔之推の原本が冤魂志であったことは疑いない。同書が還冤記又は還冤志と誤称されるようになったのは恐らく唐末より宋初であろう。宋初の類書太平廣記は「還冤記」と記し、同じく宋初王堯臣等撰せる崇文總目の小説家類には「還冤志三巻」となっている。(後略)

いずれにせよ「冤魂志」は写本として流通し、後代の多くの人々に読み継がれていったことが分かるのである。

五言詩作品の「古意」については二章で現代語訳文を引用しているので、重複を避けたい。ただし顔之推の、西魏に攻撃され殺害された元帝に対する深い感謝の念と強い哀悼の意志、さらに自分自身への慚愧に堪えない心境が痛切に感じられるのである。

ほかにも現存していないが顔之推作品はあったようで、『隋書』經籍志に顔之推撰「續文章流別」という文学選集が記載されている。

# 顔之推年譜

五三一年（　一歳）之推、江陵で生まれる。

五三七年（　七歳）霊光殿賦を誦す。

五三九年（　九歳）父、顔協（四二）死す。家運かたむく。

五四〇年（　十歳）湘東王繹が江州刺使に。

五四二年（十二歳）同じく江東刺使へ。之推、繹の老荘学の講義を聴講。自身は礼記、左伝を好む。

五四七年（十七歳）繹は鎮西将軍荊州刺使へ。

五四八年（十八歳）侯景の乱、起こる。

五四九年（十九歳）侯景が建康の台城を攻め落とす。武帝は餓死。

五五〇年（二十　歳）繹の次男方諸が郢州刺使に。之推はその下で左常侍、鎮西墨曹参軍に任命さる。

五五一年（二十一歳）之推、侯景軍に武昌で捕まる。以後捕囚に。侯景が簡文帝を殺害。

五五二年（二十二歳）王僧弁、陳覇先軍が侯景を破る。繹が江陵で元帝として即位。之推は散騎侍郎へ。

五五三年（二十三歳）之推、員外郎に。

五五四年（二十四歳）西魏が襲来して、江陵城陥落。元帝は殺害され、之推は長安に連行さる。

五五六年（二十六歳）之推、西魏から北斉へ家族とともに脱出。

五五七年（二十七歳）陳覇先、武帝として陳朝を開く。

五五八年（二十八歳）之推、北斉で中書舎人の任命を回避？

五六一年（三十一歳）之推、趙州功曹参軍へ。

五七二年（四十二歳）之推、左僕射の祖珽によって侍詔文林館に。さらに司徒録事参軍に任じられる。

五七三年（四十三歳）文林館事件で盟友六人が処刑さる。

五七七年（四十七歳）之推、黄門侍郎に。北周が北斉を滅ぼす。之推は長安へ。

五七八年（四十八歳）北周の武帝死亡。宣帝即位。

五八〇年（五十　歳）楊堅が実権を握って隋王へ。

五八一年（五十一歳）楊堅が隋朝を開いて文帝に。之推は文帝の息子楊勇の学士となる。

五八二年（五十二歳）之推、文帝に梁の音楽を勧めるも拒否される。

五八九年（五十九歳）隋が陳を滅ぼして全土を統一。

五九〇年（六十　歳）之推、この年か、それ以降二、三年後に死亡。

# 参考文献


顔之推小論　吉川忠夫　東洋史研究第二十巻第四號

顔氏家訓彙注　周法高　台聯國風出版社

宇都宮清吉訳『顔氏家訓』　岡村繁　中国文学論集1

顔氏家訓　1・2　顔之推・宇都宮清吉訳注　平凡社東洋文庫

梁の武帝——仏教王朝の悲劇　森三樹三郎　平樂寺書店

侯景の乱始末記　吉川忠夫　中公新書

魏晋南北朝通史内編　岡崎文夫　平凡社東洋文庫

漢魏六朝の詩・下　石川忠久編著　明治書院

顔之推伝研究　佐藤一郎　北海道大學文學部紀要

北齊の中書舍人について——顔之推、そのタクチクスの周邊——榎本あゆち　東洋史研究第五十三巻第二號

北斉政治史と漢人貴族　谷川道雄　名古屋大学文学部研究論集　史学9

中國古代中世史研究　宇都宮清吉　創文社

修文殿御覧について　森鹿三　東方學報第三六冊
魏晋南北朝　川勝義雄　講談社学術文庫
『北斉書』顔之推伝の「観我生賦」について　渡部武　中国正史の基礎的研究　早稲田大学文学部東洋史研究室　早稲田大学出版部
薄葬の思想　吉川忠夫『思想』
顔之推別傳　高橋君平　近代10号　神戸大学近代発行会
『宋書』顔延之傳について　森野繁夫　中国中世文學研究第54号　中国中世文學會
魏晋及南朝の寒門・寒人　宮川尚志　東亜人文學報第三巻第二號　京都帝国大學人文科學研究所編　弘文堂書房
六朝時代の名望家支配について　谷川道雄　龍谷大學論集　第四三六号
顔之推のパーソナリティと価値意識について　川本芳昭　史淵　九州大学大学院人文科学研究院
支那人間に於ける食人肉の風習　桑原隲蔵全集第二巻　東洋文明史論叢　岩波書店
顔師古の『漢書』注　吉川忠夫　東方學報京都第五十一冊　京都大學人文科學研究所
顔真卿三稿訳注　杉村邦彦　特集　顔真卿とその3稿　書論第27号　書論研究会　書論編集室
六朝時代の家訓について　守屋美都雄　日本學士院紀要
梁の徐勉の「誡子書」　吉川忠夫　東洋史研究第五十四巻第三號

王僧虔「誡子書」考　安田二郎　日本文化研究所研究報告　東北大学文学部付属日本文化研究施設編
中国中世社会と共同体　谷川道雄　国書刊行会
家訓集　山本眞功編註　平凡社東洋文庫
家訓　小澤富夫訳　講談社学術文庫
顔之推の學問における家と國家　池田恭哉　中國思想史研究第三十一號　京都大學中國哲學史研究會
顔氏家訓　いま蘇る処世知の真髄　顔之推著〈久米旺生／丹羽隼兵／竹内良雄編・訳〉
顔氏家訓　宇野精一　明徳出版社　中国古典新書
顔氏家訓　高橋君平訳　平凡社中国古典文学全集32歴代随筆集
顔氏家訓　山田勝美訳注　中国教育宝典下　編集　加藤常賢　玉川大学出版部刊
余地を見る思想――『顔氏家訓』について――　今村与志雄『文学』VoL35
変動の時代に顕れた中国士大夫の人間観――顧炎武の「恥」論を中心に顔之推・韓退之及び馮道を論ず――
――春日井明　清泉女子大学紀要39
六朝士大夫の精神　森三樹三郎　同朋舎
南人と北人　守屋美都雄　東亜論叢第六輯文求堂編
魏晋南北朝時代の民族問題　川本芳昭　汲古書院
顔氏家訓小論　佐藤一郎　東京支那學報第一號

顏之推の書観　野村茂夫　東洋学論集創刊号
顏之推「帰心篇」と楚辞「天問」と　石本道明　國學院中國學會報第五十四輯　國學院大學中國學會
唐代教育史の研究　日本学校教育の源流　多賀秋五郎　不昧堂書店
私教類聚（吉備真備）大曾根章介　校訂　日本思想体系8　古代政治社會思想　岩波書店
顏氏家訓と著者顏之推について　山田勝美　城南漢学　立正大学
魯迅の日本漱石のイギリス　柴崎信三　日本経済新聞社
顏氏家訓　寛文二年（一六六二）村田庄五郎刊行　家政学文献集成続編〔第6冊〕田中ちた子、田中初夫
　渡辺書店
顏氏家訓　文化七年（一八一〇）京都葛西市郎兵衛発行　和刻本漢籍随集第10集　古典研究会
中國中世文學評論史　林田慎之助　創文社
六朝詩人群像　興膳宏編　大修館書店
中国文章家列伝　井波律子　岩波書店
顏之推の文學――「觀生生賦」を中心に――安藤信廣　漢文学会会報（36）
六朝精神史研究第Ⅳ部　顏氏研究　吉川忠夫　同朋舎
顏之推「冤魂志」をめぐって――六朝志怪小説の性格――小南一郎　東方學第六十五輯　東方學會
顏氏家訓歸心篇と冤魂志をめぐって　勝村哲也　東洋史研究　東洋史研究会編

**山内孝道**（やまうちたかみち）

一九四八年東京生まれ。

慶応義塾大学法学部卒業。生命保険会社勤務を経て、東京新聞系フリーペーパー新聞社記者、編集長の後、太極拳インストラクターに専念する。

著書に「アル中になって良かった」（星和書店）、「らくらくうれしく水中出産」「これなら続く太極拳」（以上、農文協）「毎日が太極拳」（無名舎）がある。


ISBN978-4-89619-945-1

評伝 顔之推

平成二十九年七月三十一日 初版印刷
平成二十九年八月 四 日 初版発行

著者 山内孝道
発行者 小林眞智子
印刷 ㈱興学社
発行所 ㈱明徳出版社

〒162-0801 東京都新宿区山吹町三五三
（本社・東京都杉並区南荻窪一―二五―三）
電話 〇三―三二六六―〇四〇一
振替 〇〇一九〇―七―五八六三四